기묘한 밤

일러두기

이 책은 유튜브 '기묘한 밤' 채널에 업로드된 영상을 보강 및 재가공하여 구성했습니다. 일부 영상으로 완성하지 못한 이야기들도 실려 있습니다. 아직 정설로 확정되지 않은 내용도 있습니다.

문명이 풀지 못한
미스터리를 읽는 밤

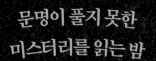

기묘한 밤 지음

교보문고

들어가는 말

　어렸을 때부터 미스터리는 저의 커다란 즐거움이었습니다. 동물의 피를 빨아먹는 괴생명체 추파카브라, 지구 속에 존재하는 또 다른 지구, 이유 없이 배들이 침몰한다는 버뮤다 삼각지대 등등. 아직 밝혀지지 않은 대상엔 강한 호기심이 들었고, 모두가 알고 있는 상식에도 우리가 알지 못하는 비밀이 숨어 있지 않을까 하는 의구심을 가졌습니다. 그 갈증을 충족하고자 서점에 갈 때면 항상 미스터리 서적이나 역사서를 손에 쥔 채 나왔던 기억이 납니다.

　어른이 되어서도 달라지지 않았습니다. 오히려 더 단단해졌죠. 그것이 유튜브 채널 '기묘한 밤'의 밑거름이 되어 주었습니다. 저의 작은 호기심으로 시작한 채널은 미스터리를 사랑하는 구독자와 시청자 여러분의 관심으로 조금씩 성장해 나갔고, 지금은 80만여 명의 구독자에게 사랑받는 채널로 자리 잡았습니다. 더 이상 혼자 운영하는 채널도 아니고요. 기묘한 밤 제작진 모두가 버릇처럼 말하지만, 정말 감사한 일입니다. 좋아하는 미스터리를 취재하고 수집하면서 살 수 있다는 것이요.

그리고 기묘한 밤 채널에서 다 하지 못한 이야기, 또 다른 미스터리를 책으로 엮는 새로운 도전을 결심했습니다. 막상 기대보다 걱정이 앞섰던 게 사실입니다. 역사와 가설, 음모, 추정의 좁은 틈을 비집고 들어가는 미스터리라는 장르를 어떻게 풀어야 할지 앞이 깜깜했거든요. 대본 작업이나 영상 업로드와는 달리 수정이 불가능하다는 점도 저희를 긴장하게 만들었습니다. 한편으로는 구독자의 기대에 어긋남이 없이, 또 이 책을 통해 미스터리에 관심을 가질 독자를 사로잡을 수 있는 멋진 책을 만들고 싶었습니다.

보다 많은 독자에게 다가가기 위해 『기묘한 밤』은 대중적인 요소를 제일 먼저 고려했습니다. 세계 7대 불가사의, 이집트 문명과 아틀란티스 등은 미스터리에 친숙하지 않은 이들도 한 번쯤은 들어 본 이름일 테죠. 하지만 이 책에 실린 내용은 익히 알려져 있는 것들과는 사뭇 다를 겁니다. 수백, 수천 년의 세월을 타고 전해진 이야기는 개요와 설명으로만 끝나지 않기 때문이죠. 알려진 역사 너머로 언뜻 보이는 미스터리들은 기대 이상으로 다채로우리라 자부합니다. 채널에서 다룬 콘텐츠를 전제로 하나 분량과 여러 사정으로 담지 못했던 뒷이야기 또한 풍성하게 수록했습니다. 기묘한 밤의 애청자라면 이 차이를 찾아보는 것 또한 커다란 재미일 겁니다.

고정관념과 정설에서 한 걸음만 뒤로 가 보세요. 더 넓고 많은 것이 보일 테니까요. 오래된 전설, 하나의 소문으로 시작된 이야기들은 자체로 충분히 매력적이기 때문이죠. 그렇기에 기묘한 밤은 역사서보다는 한 편의 긴 이야기로 다가가고자 합니다. 이 책은 역사의 여러 갈래 중 좁은 길, 조명받지 못했던 어두침침한 구석을 슬쩍 들여다보는 작은 일탈이라고 할 수 있습니다. 그래서 가능한 한 멀리 떠나 보기로 했습니다. 고대로 떠나는 모험 중간에 어디든 내려도 괜찮습니다. 미스터리는 사라지지 않으니까요.

- 기묘한 밤 리더 K

목차

3장 고대 도시 속 미스터리의 흔적들

4장 잃어버린 대륙 아틀란티스를 찾아서

5장 미스터리의 근원 고대 이집트

제우스 신상 - 최고신의 존엄을 담은 조각상

로도스의 거상 - 그리스의 청동 거인

아르테미스 신전 - 세 번 만들어지고 세 번 파괴된 신전

알렉산드리아 등대 - 언어로 영원히 살아남은 등대

마우솔레움 - 아름답고도 거대한 무덤

기묘한 밤이 뽑은 미스터리 Best 5

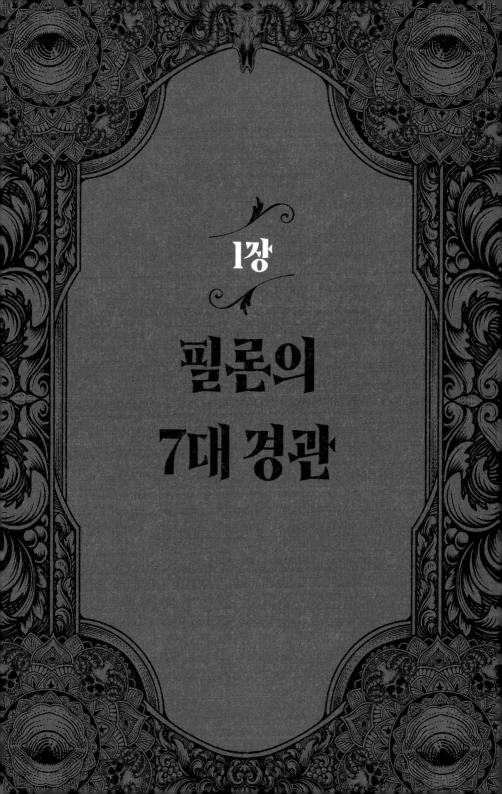

1장

필론의
7대 경관

'세계 ○대 불가사의', 보통은 '세계 7대 불가사의'라는 말을 한두 번 이상은 들었을 겁니다. 그리고 듣자마자 머릿속에 몇몇이 떠오를 텐데요. 하나씩 헤아리다 보면 그 종류가 일곱 가지를 훌쩍 뛰어넘습니다. 이 말은 누구의 입에서 처음 나왔을까요? 기원전 2세기의 그리스 시인 안티파트로스의 『그리스 사화집』에 관련 구절이 나와 보통은 그를 원조로 칩니다. 다만 이것을 '세계의 7대 경관'으로 체계적으로 목록화한 인물은 비잔티움의 필론(혹은 필로)입니다. (필론은 비잔티움 출신이지만 대부분의 생애를 이집트 알렉산드리아에서 보냈습니다.) 이들을 '고대' 불가사의로 묶고, 이후로 '근대' 7대 불가사의, '신新세계' 7대 불가사의처럼 그 종류를 달리해 왔는데요. 지금은 언뜻 꼽아도, 특히 미스터리에 관심 많은 이들에게는 수십 가지가 넘는 불가사의 목록이 나옵니다.

세계의 7대 경관은 이집트 가자 지구에 있는 쿠푸 왕 피라미드, 바빌론에 있는 공중정원, 로도스 섬에 있는 거상, 에페소스에 있는 아르테미스 신전, 할리카르나소스에 있는 마우솔루스 왕 능묘, 알렉산드리아에 있는 파로스 등대, 그리고 제우스 신상입니다. 다만 이 가운데 6개는 현재 그 흔적을 찾을 수 없습니다. 안티파트로스이건 필론이건 모두 그리스인의 관점에서 지정되어 편향성을 보이나 처음 미스터리에 흥미를 느끼는 대다수는 여전히 그 영향력 아래 있습니다.

1 ———————— 제우스 신상

최고신의 존엄을 담은
조각상

제우스의 흔적

제우스Zeus는 고대 그리스 신화의 최고 신이자 하늘과 천둥의 신입니다. 세상에서 벌어지는 천지의 모든 현상을 주재하는 존재라고 할 수 있죠. 인간사에도 관심이 많아 인간 사회의 정치, 법률, 도덕을 지키는 존재로 자리합니다. 로마 신화에서는 유피테르Jupiter라고 부릅니다. 긴 설명을 할 필요 없이 우리는 그의 성격이며 여러 일화에 대해 잘 알고 있습니다.

고대 그리스는 다신교 사회로 여러 신이 있으나 제

그리스 신화의 최고신 제우스.

우스의 위엄이나 인기는 다른 신들과 비교할 수 없었습니다. 그의 신전 역시 고대 그리스 건축의 정수로 일컬어지죠. 하지만 그리스에 영광은 너무 일찍 찾아왔고 어둠은 무척 길었습니다. 자연히 신전 터는 오래 방치되었습니다. 그리고 1954년이 됩니다. 제우스 신전 터를 발굴 중이던 고고학자들은 무언가를 발견합니다. 실체가 확인되지 않아 존재 여부에 논란이 끊

그리스 고전 전기를 대표하는 거장 페이디아스.

이지 않던 조각상, 제우스 신상의 증거 유적이었습니다. 제우스 조각상이 발견된 것은 아니었으나, 제우스 신상을 건축했다고 알려진 고대 그리스의 조각가 페이디아스Pheidias의 작업장 터를 찾아낸 것이죠.

파르테논 신전은 도리스식 기둥 양식 발전의 정점을 이루었다고 평가받는다.

이로써 완전한 제우스 신전을 찾는 일에 한 걸음 더 가까이 다가갔다고 할 수 있었습니다.

기원전 5세기 인물인 페이디아스는 고대 아테나이의 조각가로 서양 고대 최고의 조각가(건축가)였습니다. 특히 해발 150미터 높이를 자랑하는, 아테네의 상징과 같은 아크로폴리스 언덕 위에 세워진 파르테논Parthenon 신전을 설계한 것으로 유명하죠. 〈아테나 레무니아〉, 〈올림피아의 제우스〉, 〈아테나 파르테노스〉 등을 제작했는데요. 오늘날에는 파르테논 신전의 장식 조각을 제외하고는 아무것도 전해지지 않습니다. 어쨌든 최고신 제우스를 형상화한 조각상은 규모와 완성도에 있어 다른 신상들을 압도했을 거라 어렵지 않게 추측해 볼 수 있습니다. 그동안 소문만 무성했던 제우스 신상이 세상에 모습을 드러낼지에 전 세계 신화 애호가의 눈이 쏠렸습니다.

제우스가 올림포스 최고신이 된 이유

고대 그리스-로마 신들은 대부분이 혈연관계입니다. 제우스는 그 한복판에 있는데요. 그는 티탄 신족의 농경의 남신 크로노스Cronos와 티탄 신족의 대지의 여신 레아Rhea 사이에서 태어났습니다. 크로노스와 레아는 3남 3녀를 두었는데, 순서대로 헤스티아, 헤라, 데메테르, 포세이돈, 하데스, 제우스입니다. 즉, 제우스는 이 가족의 막내아들인 셈이죠. 잘 알려져 있듯 크로노스는 자신의 아이에게 지위를 뺏길 거

페테르 파울 루벤스가 그린
〈자식을 삼키는 크로노스〉.

라는 예언에 겁을 먹고는 자식들이 세상에 태어나는 족족 입으로 가져가 먹어 치우기 바빴습니다. 그러다 여섯째 제우스가 아버지를 물리침으로써 형들과 누나들이 다시 세상으로 나올 수 있었죠. 이 일로 티탄 신족이 물러나고 제우스가 포함되는 올림포스 신족이 패권을 갖습니다. 이와 같은 이유로 제우스는 올림포스 12신의 최고신이자 '신들의 아버지'로 불릴 수 있었습니다. 그만큼 능력은 전지전능했고요.

고대 그리스인들에게 제우스는 어떤 존재였을까요? 최고신이라는 호칭이 어울리지 않는 여러 흠결에도 무조건 받들고 모시는 무한한 존엄을 가진 신이었습니다. 올림피아에서는 매해 그를 숭배하기 위한 성대한 행사가 개최되었고요. 당연히 제우스 신전은 올림피아에서 가장 규모가 큰 건축물이었습니다. 총 104개의 거대한 기둥이 지붕을 떠받치는 구조였는데요. 크기가 세로 27미터, 가로 64미터에 달했습니다. 그리스의 모든 지성과 기술력을 보여 주는 집결체였습니다.

제우스 신에게 헌정된 제우스 신전.

파란만장한 신상의 역사

제우스 신전은 기원전 456년경에 완공되었습니다. 이 시기에 성소聖所 올림피아는 도시국가 엘리스Elis의 지배에 있었는데요. 엘리스인들은 경쟁 관계였던 아테네가 파르테논 신전 안에 아테나 신상을 세웠다는 사실을 알게 됩니다. (아테네는 아테나, 엘리스는 제우스를 숭배했습니다.) 이에 엘리스 의회는 아테나 신상을 조각한 페이디아스에게 의뢰하여 제우스 신전 안에 들어갈 제우스 신상을 제작해 달라고 부탁했죠. 아테나 신상은 '불후의 역작'으로 불릴 정도로 작품성이 뛰어나 큰 반향을 일으켰기 때문입니다. 이로써 페이디아스는 아테나 신상에 이어 제우스 신상이라는 커다란 도전과 마주하게 됩니다.

> 모든 사람이 제우스 신상을 우러러 그 위엄에 경외를 표하게 만들겠다.
>
> – 페이디아스

페이디아스가 제우스 신상 제작에 총력을 기울인 데는 또 다른 이유가 있었습니다. 명성과 실력 면에서는 그리스 최고였지만 아테나 신전을 건축할 때 작품의 재료가 되는 값비싼 상아 등을 일부 횡령한 죄로 아테네에서 추방당했던 거죠. 이 기회를 놓칠 리 없는 엘리스는 곧장 그를 불러들입니다. 작품 제작에 필요한 비용을 아낌없이 지원하겠다고 약속했으니 페이디아스 입장에서는 실추된 명성을 되찾는 한편으로 예술가로서 필생의 역작을 제작할 절호의 기회였습니다.

페이디아스의 결연한 포부와 함께 시작된 대업은 8년이라는 시간이 소요된 끝에 마무리되었습니다. 예술가는 일단 아마존 여전사들이 조각된 대리석 받침대 위에 거대한 왕좌를 만들었습니다. 제우스는 그 위에 앉아 있는 모습으로 제작되었음에도 먼저 제작된 제우스 신전 천장에 닿을 정도였다고 하죠. 일부 역사가들은 신전의 천장이 더 높았다면 제우스 신상 또한 더욱 웅장했을 거라 말합니다.

삼나무로 된 몸체, 상아로 표현된 피부, 황금으로 제작된 지팡이와 망토, 그리고 은, 유리, 흑단, 보석을 사용한 세부까지. 제우스 신상은

독일의 미술사학자 빌헬름 뤼브케가 상상하여 그린 (기원전 5세기 때의) 제우스 신전 삽화.

어느 곳 하나 흠잡을 데 없는 모습으로 완성됩니다. 말 그대로 신 중의 신 그 자체였습니다. 또 제우스 신상 받침대 아래에는 올리브유로 가득 찬 연못이 있었다고 하는데요. 고대 지중해 전역에서 올리브 나무는 신성하게 여겨졌습니다. 그리스 신화에서는 아테나가 인간에게 준 선물로 등장하죠. 아무튼 올리브 연못에 신상의 모습이 반사되면 웅장함이 몇 배가 되어 보는 이들에게 인간인 내가 신과 대면하고 있는 것 같은, 말로 표현할 수 없는 경외감을 선사했다고 합니다.

제우스 신상은 모든 이를 압도했습니다. 그리고 단번에 매료시켰습니다. 나중에 실물을 마주한 근엄한 로마 장군들조차 "신을 직접 본 것 같다"라고 감탄했을 정도로요. 그리스의 역사학자 폴리비오스Polybios는 이렇게 기록했습니다.

불행과 비극에서 헤어 나오지 못하는 사람도 제우스 신상을 보면 모든 고통과 절망을 잊어버릴 수밖에 없을 것이다.

또 필론Philo Judaeus은 제우스 신상을 세계의 7대 경관으로 정의하며 다음과 같은 말을 남겼습니다.

사람들은 다른 여섯 가지에는 눈을 크게 뜰 뿐이지만, 제우스 신상 앞에서는 두려워 떨며 무릎을 꿇을 것이다. 제우스 신상은 너무나도 성스러워서 도무지 인간의 손으로 만들었다고는 믿지 못할 것이기 때문이다.

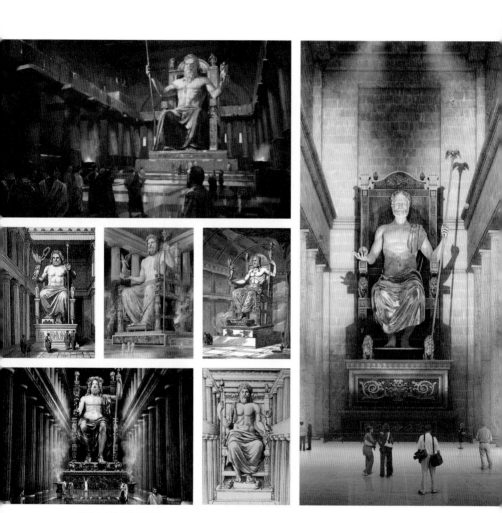

제우스 신상 상상도들.

신을 시기한 인간

제우스 신상이 필론의 세계의 7대 경관에 지정된 이후 신상의 유명세는 유럽 전역으로 뻗어 나갔습니다. 개인은 물론 주변 나라들에서도 수많은 공물을 보낼 정도였습니다. 사람들의 열렬한 경외와 숭상을 받는 한편으로, 제우스 신상은 탐욕과 시기의 대상이기도 했습니다. 그사이 유럽의 패권이 그리스에서 로마로 넘어갔는데요. 로마는 그리스의 유산을 상당수 계승했지만 신을 향한 숭배는 고대 그리스인들의 그것과 같지 않았습니다.

로마 제국의 3대 황제였던 칼리굴라Caligula는 신상의 머리를 잘라 내고, 그 위에 자신의 머리를 올려놓고 싶어 했는데요. 시오노 나나미는 『로마인 이야기』에서 칼리굴라가 로마 제국의 1대 황제 아우구스투스Augustus가 만든 '무관無冠의 제왕'의 개념을 이해하지 못했다고 썼습니다. 로마의 황제를 지칭하는 무관의 제왕은 관이 없어 오히려 유관의 제왕보다 높은 개념이죠. 하지만 칼리굴라는 관이 없는 데 불만을 품고 관이 있는 다른 왕들보다 자신이 우위에 있으려면 아예 신이 되어야 한다고 여겼습니다. 올림피아의 최고신 제우스가 칼리굴라가 바란 모습이었고 (제우스를 흉내 내어) 벌거벗은 상반신에 맨발 차림, 여기에 머리를 황금빛으로 물들여서 원로원에 나타난 적도 있다고 합니다. 다만 실행 전에 황제 근위대 장교에게 암살되면서 다행히도 이 계획은 수포로 돌아갑니다. 황제의 계획을 눈치챈 제우스 신이

칼리굴라의 이름은 가이우스다. 아버지가 지휘하던 게르마니아 군단 병사들이 귀여워하며 붙여 준 '꼬마 장화'라는 뜻을 가진 별명이 칼리굴라다.

분노하여 칼리굴라가 화를 입은 것이라는 소문이 돌기도 했죠. 당대 사회상을 기록한 고문헌에 이런 구절이 실려 있습니다.

칼리굴라가 제우스 신상의 목을 노린다는 말이 들려오자 이를 들은 제우스 신상이 큰 소리로 웃음을 터뜨렸다. 이로 인해 주위 건물들이 무너지고 인부들이 공포에 떨었다.

제우스 신상은 어디에 있을까?

이토록 유명하고 또 거대했을 제우스 신상은 현재 그것을 구성했을 작은 일부마저 하나도 남아 있지 않습니다. 역사의 아이러니이자 미스터리죠. 아직 발견되지 못한 것일 수도 있고요. 여러 문헌 기록과 고고학적 발견으로 제우스 신상이 실재했음은 밝혀졌기 때문입니다.

신상의 위치에 관해서는 다양한 가설이 존재합니다. 394년 고대 로마의 예술품 수집광이었던 환관이 콘스탄티노플의 비밀 갤러리로 옮겼다는 설, 426년 동로마 제국의 황제 테오도시우스 2세의 '신전 파괴령'으로 제우스 신전과 함께 파괴되었다는 설, 475년 발생한 대화재로 소실되었다는 설, 522년 지진으로 그라데오스 하천이 범람해 크로노스 언덕이 무너지면서 매몰되었다는 설 등이 대표적이죠. 이 가운데 지진으로 인한 하천 범람으로 신역이 3-5미터 아래 모래층으로 매몰되었다는 설이 가장 유력하나 추측에 지나지 않습니다.

필론이 제우스 신상을 세계의 7대 경관의 하나로 지정했을 때는 자신의 눈으로 보고 나서 선별했을 것입니다. 그런데 어떤 이유인지 제우스 신상이 감쪽같이 사라져 버림으로써 정말로 불가사의로 남고 말았습니다. 일부 학자들은 제우스 신상은 파괴되어 사라진 게 아니라 누군가에 의해 어딘가로 옮겨져 현재 땅속 깊이 묻혀 있을 거라 주장합니다. 높이가 13미터

고대 주화에 새겨진 제우스 신전.

에 달했던 조각상이 작은 조각조차 발견되지 않았을 이유가 없다면서요. 오랜 기간 인간의 손이 닿지 않은 어딘가에, 최고신 제우스는 자신의 모습을 감춘 채 긴 휴식을 취하고 있는 걸까요? 올림피아의 제우스 신상의 비밀은 아직 풀리지 않았습니다.

기묘한 밤 영상

7대 불가사의
'거대 제우스 신상'의 실체

2 _____ 로도스의 거상

그리스의
청동 거인

태양신을 조각하다

그리스 도데카네스Dodecanese 제
도의 가장 큰 섬인 로도스Rhodes는
그리스 본토와 키프로스 섬 사이에
있어 오래전부터 지리적 요충지였
습니다. 기원전 305년, 마케도니아
의 데메트리오스 1세Demetrius I는
4만 명의 대군을 이끌고 로도스를
포위했습니다. 여기에는 동맹과 배
반 등 당시의 정세가 복잡하게 얽혀

로도스는 중세 도시 유적으로 유네스코 세계문
화유산으로 등재되었다.

있는데요. 나중에 이 섬에
세워지는 거대한 조각상, 즉
로도스 거상의 비밀을 이해
하기 위해서는 먼저 들여다
볼 필요가 있습니다.

데메트리오스 1세가 새겨진 주화.

데메트리오스 1세의 로도스 섬 포위 30여 년 전인 기원전 332년, 알
렉산드로스 3세Alexandros the Great는 로도스를 손에 넣습니다. 헬레니
즘 제국의 건립자이자 우리에게는 알렉산드로스 '대왕'으로 잘 알려진
인물입니다. 신에 비견되는 능력을 지녔다는 그였지만 신은 아닌지라
로도스를 손에 넣은 바로 다음 해에 갑자기 사망하고 맙니다. 곧이어
마케도니아 제국은 분열되고, 전쟁이 벌어지는데요. 이때 로도스는
(마케도니아와 적대 관계였던) 이집트의 프톨레마이오스 1세Ptolemaeos I

에게 협력함으로써 마케도니아와의
갈등이 시작됩니다. 당연히 마케도
니아의 왕이 로도스에 좋은 감정을
가졌을 리가 없죠. 하지만 데메트리
오스의 마음과 달리 견고한 성벽으
로 둘러싸인 로도스의 요새는 쉽사
리 정복되지 않았습니다. '로도스 공
성전'으로 불리는 이 전쟁에는 이동
식 공성탑인 헬레폴리스Helepolis까

전투에서 단 한 번도 패하지 않은 알렉
산드로스 대왕.

지 동원되었습니다. 엄청난 맹공을 퍼부었음에도 데메트리오스 1세는 고전을 면치 못했습니다. 그러던 중 프톨레마이오스가 보낸 지원군마저 도착했고, 데메트리오스는 당황한 나머지 서둘러 군대를 철수시켰는데요. 너무 급작스럽게 진행되어 로도스 곳곳에 많은 군사 물자를 그대로 남겨 두었습니다.

헬레폴리스는 이동식 공성탑의 그리스어 명칭이다.

로도스는 이 기회를 놓치지 않았습니다. 마케도니아의 군사 물자를 팔아 막대한 부를 쌓았고, 여기서 얻은 수익으로 자신들의 승리를 기념하는 조각상을 제작하기로 하죠. 그리스의 천재 조각가 리시포스Lysippos의 제자인 린도스의 카레스Chares of Lindos가 적임자로 선택되었습니다. 카레스는 로도스의 수호신이자 태양의 신 헬리오스Helios에게 영감을 얻어 그를 본뜬 기념물을 제작합니다.

신화에 따르면 헬리오스는 매일 아침 불꽃에 싸인 네 마리 말이 끄는 마차를 타고 동쪽 궁에서 나와서는 하늘로 올라갔다가 저녁이면 서쪽 궁으로 들어가는데, 이것이 곧 인간 세계의 하루입니다. 태양 혹은 태양신인 헬리오스는 눈부신 황금빛 머리칼을 지닌 미남자로, 로도스만이 아니라 서양 문화권 곳곳에서 큰 사랑을 받습니다. 그렇게 기원전

292년부터 기원전 280년까지 12년 이라는 시간이 흐르고, 마침내 로도스의 거상이 완성되죠.

눈부신 신의 자태

로도스의 거상은 원어로 'Colossus of Rhodes'입니다. 라틴어 콜로수스 Colossus는 고전 그리스어 콜로소스

그리스 신화의 1대 태양신 헬리오스를 그려 넣은 도자기. 2대 태양신은 아폴론이다. 둘을 같은 존재로 보는 의견도 있다.

Κολοσσός를 거의 그대로 받아 적은 것으로, 자체로 커다란 상像을 뜻합니다. 로도스의 거상은 필론의 7대 경관 중에서 자료와 기록이 가장 적습니다. 현재 조각상은 소실되어 우리는 조각상의 제작 방법과 완성 후 모습에 대하여 어렴풋이 가늠만 할 뿐이죠. 높이는 받침대를 제외하고도 30미터가 넘었다고 하고, 항구 입구 양쪽에 발 하나씩을 딛고 선 형태라지만 물리적으로 무게를 지탱하기가 어렵기에 사실이 아니라는 주장도 더러 존재합니다.

로도스 거상이 다리를 벌리고 있었다고 추측하는 이유는 16세기의 네덜란드 화가 마틴 힘스케르크Martin Heemskerck가 그린 상상도에서 헬리오스가 다리를 벌리고 서 있기 때문입니다. 하지만 어디까지나 예상이라 당연히 다리를 모은 모습도 있습니다. 다시 말해 어느 것도 확실하지 않습니다.

마틴 힘스케르크가 그린 로도스의 거상.

다행히 대략적인 외형은 로도스의 고문헌과 고대 동전 등을 통해 가늠해 볼 수 있는데요. 조각상은 태양으로부터 눈을 가리는 듯한 자세에 금빛으로 타오르는 곱슬머리를 가지고 있었다고 합니다. 독특하게도 사람이 헬리오스 머리 부분에 올라갈 수 있어 적으로부터 항구와 섬을 감시하는 등대 역할도 수행했고요.

제작 방법의 경우에는 필론의 기록이 가장 신빙성이 높다고 여겨집니다.

로도스인들은 발바닥부터 주물을 뜨고 작업이 완료되면 그 주위에

고대 동전에 생겨진 로도스 거상의 얼굴.

거대한 흙산을 쌓고 나서 다음 부분의 주조 작업을 진행했다.

받침대를 제외한 조각상의 순수 높이는 30미터가 넘었을 것으로 추정합니다. 청동으로 주조되었으니 단순 계산해도 무게가 어마어마했을 테죠. 작업 과정에서 군데군데 거대한 흙산이 만들어졌다는 것이 완전히 허무맹랑한 이야기는 아니었을 겁니다. 흙산의 크기가 작업용 둔덕 정도가 아니라 얕은 산에 버금갈 정도였을 거라는 이들도 있죠. 남아 있는 기록이 거의 없어 많은 부분을 짐작에 의존할 수밖에 없지만 엄청난 건축물이었다는 데는 이견이 없습니다.

헬리오스는 어디에 서 있었나?

로도스 거상은 완공된 지 56년이 지난 기원전 224년에 지중해를 강타한 지진으로 쓰러졌다고 알려져 있습니다. 높은 구조물이라 강풍,

지진, 해일 같은 자연재해에 더욱 속수무책이었을 테죠. 우리가 알고 있는 거대 조각상 중 가장 유명한 것은 미국의 〈자유의 여신상〉일 텐데요. 높이는 93.5미터입니다. (〈자유의 여신상〉의 순수 높이는 46미터입니다. 하지만 조각상이 47.5미터 높이의 대좌석 위에 있기에 둘을 합치면 93.5미터가 됩니다. 여신의 집게손가락 하나의 길이는 2.44미터라고 합니다.) 다만 1886년에 세워진 조각상이라 로도스의 그것과는 2천 년 이상의 시간 차이가 존재합니다. (로도스 거상의 높이는 30-40미터가 정설이지만 명확히 밝혀진 게 아닙니다.) 그렇게 생각하니 고대의 기술력과 로도스의 거상이 가졌을 위용이 가늠되죠.

뉴욕을 대표하는 랜드마크이자 아메리칸 드림을 상징하는 자유의 여신.

이렇게나 커다란 조각상의 위치는 베일에 싸여 있습니다. 학자들은 현재의 만드라키 항으로 추정하는데 'Elefos'와 'Elafina'라는 이름의 두 사슴 동상이 거상 대신 자리하고 있습니다. 과거에 청동상은 바다를 응시하며 두 다리를 벌리고 서 있었다죠. 다리 한쪽은 땅 위를 다른 한쪽은 방파제 위를 딛고 있으며 두 다리 사이를 거대한 함선이 지나다녔다는 게 주류로 취급받는 가설입니다. 마틴 힘스케르크 이전에 14세기 카푸의 변호사이자 순례자였던 니콜로 디 마르토니가 남긴 그림에서 비롯됩니다.

만드라키 항구의 낮과 밤. 두 사슴 동상이 보인다.

　여기에는 한 가지 풀리지 않는 모순이 존재합니다. 조각상이 이 가설대로 건설되었고, 또 그 밑으로 배까지 지나다녔다면 높이가 최소 120미터는 되어야 하기 때문입니다. 이번에는 거상이 항구나 항만이 아닌 다른 곳에 세워졌다는 주장이 제기되었습니다. 성 니콜라우스

여러 버전의 로도스 거상 상상도.

요새, 아크로폴리스(그리스 아테네에 위치한 성채) 등 다양한 후보를 추려 봤음에도 정확한 결론은 나지 않은 상황입니다.

선 채로 무너진 조각상

60여 년 동안 굳건하게 서 있던 태양의 신 헬리오스를 무너뜨린 건 지진이었습니다. 하늘에 있는 태양을 땅속에 사는 지하의 신 하데스가 질투라도 한 걸까요? 조각상의 양쪽 무릎이 부러지면서 윗부분이 땅으로 떨어졌다고 합니다. 높이가 있는 만큼 더더욱 조각조각 부서지고 말았고요.

복구 이야기는 계속 있었습니다. 로도스 거상이 손상되었다는 소식을 들은 이집트 왕 프톨레마이오스 3세가 적극적으로 재건에 나섰으나 결과적으로는 실패했습니다. 다만 비용이나 기간이 문제는 아니

지진으로 발목만 남은 로도스 거상의 모습을 상상하여 그린 그림.

었습니다. 고대 그리스인들은 인간사의 중대한 결정을 내리기에 앞서 델포이의 신탁에 가서 신에게 답을 얻었는데요. 그들은 이 답을 절대적으로 따랐습니다. 쓰러진 청동상을 재건할지 여부도 마땅히 신전에 올릴 질문이었고, 답은 '신은 거상 재건을 원하지 않는다'였습니다. 로도스인들은 이집트 왕의 제안을 거절하고요. 그렇게 로도스의 조각상은 무릎 아래만 남은 채로 장장 800년 동안 방치되었습니다.

남은 건 무릎 아래 두 다리가 전부였지만 거상의 위엄은 쉬이 무너지지 않았습니다. 유럽 각지의 많은 역사가와 탐험가가 끊임없이 로도스를 찾았는데 고대 로마의 박물학자 대 플리니우스Pliny the Elder도 그중 하나였습니다.

성인 남자가 양팔로 엄지손가락 하나를 감싸안기가 힘들었다. 손가락 하나가 대부분의 조각상보다도 컸다. 거상의 팔다리가 부러진 자리에는 끝을 알 수 없는 거대한 심연이 있었다.

대 플리니우스의 본명은 가이우스 플리니우스 세쿤두로 자연계를 아우르는 백과사전 『박물지』를 저술했다.

오늘날 우리가 로도스 거상의 작은 잔해조차 볼 수 없는 데는 다른 이유가 있습니다. 654년 아랍군이 로도스를 점령하면서 조각상의 잔해를 팔아 치웠기 때문입니다. 유럽에서 중동으로 이동한 조각상의 잔해는 이곳저곳으로 흩어졌습니다. 대부분은 녹여 철괴 형태로 팔렸고요. 일부는 원형 그대로 팔렸을 수도 있겠죠? 누군가의 비밀 금고 어딘가에 있을 수도요.

거상은 다시 세워질 수 있을까?

1989년, 로도스 연안에서 로도스 거상의 파편으로 추정되는 커다란 잔해가 발견되어 주목받은 적이 있습니다. 하지만 이것이 로도스 거상의 일부라는 증거는 끝내 나오지 않았습니다. 그럼에도 로도스 거상은 후대의 다양한 조각상에 영향을 주었습니다. 〈자유의 여신상〉 지지대에 새겨진 시문을 보면 '그리스의 청동 거인'이라는 대목이 등장합니다. 2015년에는 유럽의 예술가들이 로도스 거상을 복구하겠다고 발표해 큰 화제가 되었습니다. 이들은 조각상의 크기를 대폭 늘려 설계할 계획이며, 신상 안에 도서관과 박물관 등도 넣을 예정이라고 했는데요. 예상 복원도까지 공개하면서 화제를 불러일으켰습니다.

> 과거의 신상을 복제하는 것이 아닌, 현대의 기술로 탄생하는 새로운 '신'이 될 것이다.
>
> — 로도스 거상 프로젝트 수석 건축가 아리스 알 팔라스 Ari A. Palla

아쉽게도 재건 프로젝트는 잠정 중단된 상태입니다. 우리가 로도스의 거상을 다시 볼 수 있는 날이 올까요?

> 그는 좁은 세상에 거신처럼 우뚝 서 있고, 우리 사소한 자들은 그 거대한 다리 밑을 지나며 눈을 힐끔거릴 뿐이다.
>
> — 셰익스피어의 희곡 『줄리어스 시저』 중

기묘한 밤 영상

7대 불가사의
'거대 로도스 거상'의 비밀

3 _____ 아르테미스 신전

세 번 만들어지고
세 번 파괴된 신전

에페소스의 자부심

아르테미스Artemis. 제우스와 레토 사이에서 태
어난 쌍둥이 중 딸로, 아버지와 쌍둥이 동생(문헌에 따
라 오빠라고 나오는 곳도 있다) 아폴론과 함께 올림포스
12신에 속합니다. 하지만 올림포스 궁보다는 숲과 들
에서 더 많은 시간을 보내는 활동적인 신이죠. 달과 사
냥, 동물과 처녀를 상징하기 때문입니다. 아르테미스
는 인기가 많습니다. 18세기 프랑스에서 유행한 로
코코 양식의 회화 작품에도 자주 등장하는데요.
그림의 주인공들은 아르테미스로 분하여 우아하

신화에서 사냥, 다산, 순결, 달을 상징하는 아르테미스.
인기가 많은 신이라 조각상과 그림도 여럿 있다.

고 기품이 있음을 간접적으로 드러내거나 반대로 순결의 여신의 관능미를 부각시키기도 했습니다. 그뿐만이 아닙니다. 우리나라 대법원에 가면 한 손에는 저울을, 다른 한 손에는 칼을 들고 눈가리개를 한 여신상을 볼 수 있습니다. 로마 신화에서 정의를 주관하는 유스티티아인데요. 로마 고유의 신이나 아르테미스에서 상당 부분 모티프를 가져왔습니다.

농경을 중심으로 정복 활동을 벌이며 살았던 고대 그리스인들에게 아르테미스는 어떤 신보다 중요한 숭배 대상이었습니다. 신전의 규모도 웅장했는데 현재의 튀르키예인 에페소스Ephesos 지방에 있습니다. 이곳 사람들은 아르테미스가 자신들이 사는 땅에서 출생했다고 믿었

현재 아르테미스 신전은 기둥 및 잔해만이 남아 있다.

기 때문이죠. 따라서 아르테미스 신전은 아테네와 로마에 필적했던 아나톨리아 최대의 도시 에페소스의 자존심과 자신감을 고스란히 보여 주는 의미 있는 장소였습니다.

물에 잠긴 신전

아르테미스 신전은 청동기시대에 세워진 건축물입니다. 고대 그리스인들은 신전을 그리스 신화에 등장하는 불멸의 여전사족인 아마존이 세웠다고 굳게 믿었습니다. 하지만 아르테미스 신전은 기원전 7세기에 발생한 홍수로 폐허가 됩니다. 정확한 건립 시기를 알 수 없을 뿐만이 아니라 홍수로 파편 한 점 남기지 않고 유실되는 바람에 신전의 생김새는 영원한 비밀로 남게 되었습니다. 신전은 총 세 번 파괴되는데 이것이 첫 번째 파괴입니다.

기원전 550년, 소아시아에 있는 고대 이오니아 지방의 열두 도시 중하나이자 상업 활동으로 막대한 부를 쌓은 도시국가 에페소스를 정복한 리디아 왕 크로이소스Kroisos가 신전을 재건하기로 마음먹는데요. 아르테미스 신전의 비밀을 풀기 위해서는 크로이소스에 대해 알 필요가 있습니다.

크로이소스는 에페소스는 물론 이오니아와 아이올리스Aeolis 지역 등을 정복한 것으로 유명하지만 엄청난 부자로도 아주 유명합니다. 그리스어와 페르시아어에서 그의 이름이 부자와 같은 의미로 사용되었을 정도로요. 영어에는 '크로이소스만큼이나 부유한rich as Croesus', '크로이소스보다 더 부자인richer than Croesus'이라는 관용구가 있습니다. 그러니 그가 얼마나 큰 야심으로 아르테미스 신전 재건을 시작했을지 짐작이 가죠.

이 작업은 크레타 출신의 건축가 케르시프론Chersiphron과 그의 아들 메타게네스Metagenes 부자에게 맡겨졌습니다. 장식 또한 고대 세계에서 가장 유명한 장인들에게 일임했고요. 신에 대한 인간의 존경을 보여 주기도 하지만 반면에 왕의 막강한 부, 넘치는 위세를 자랑하고 싶은 욕심도 어느 정도 존재했습니다. 어쨌든 재건 사업에 투입된 이들은 지금까지 보지 못한 엄청난 스케일을 꿈꾸었습니다. 이로 인해 작업은 10년 이상이 소요되었고요. 긴 시간 공들여 완성한 아르테미스 신전의 위용은 대단했습니다. 무엇보다 대리석으로 지어진 최초의 그리스 신전이었습니다. 대리석은 현재도 고급 건축 자재에

크로이소스는 오늘날 튀르키예 서부 아나톨리아에 위치한 고대 리디아 왕국의 마지막 왕이다. 막대한 재산을 소유한 것으로도 유명했다.

아이올리스는 소아시아의 서부와 북서부의 해안 지역과 약간의 섬으로 이루어졌다.

속하지만 당시에는 어마어마한 가격을 자랑했
습니다.

고대 그리스의 여행가 겸 지리학자 파우사
니아스Pausanias는 "아르테미스 신전은 인간이
지은 모든 건축물을 능가하는 신의 성전이다"
라고 했습니다. 아르테미스 신전을 두 눈에 담
은 사람들은 하나같이 그 앞에 무릎을 꿇고 경
배를 표했을 정도였습니다. 고대 그리스의 역

키케로가 '역사의 아버지'라고 불
렸던 그리스 역사가 헤로도토스.

사가 헤로도토스Herodotos는 신전을 둘러보고
"기자에 있는 대피라미드와 견줄 만한 걸작이다"라며 감탄했다고 합
니다.

불타고 만 신전

기원전 356년 7월 21일, 너무나도 어처구니없는 이유로 아르테미스
신전이 두 번째로 파괴됩니다. 그리스 최악의 방화범인 헤로스트라토
스Herostratus에 의해 신전이 통째로 불타고 말았습니다.

아르테미스 신전이 불타 무너진 후 에페소스의 점성가들은 얼굴을
치고 소리 지르며 하늘에서 재앙이 내릴까 두려워했다.

– 고대 로마 철학자 플루타르코스Ploutarchos

역사에 자신의 이름을 남기고자 잘못된 선택을 한 헤로스트라토스(왼쪽)와 불타는 아르테미스 신전을 담은 그림(오른쪽).

헤로스트라토스는 "기왕 악행을 저지를 거라면 확실하게 저질러 후대에까지 내 이름이 전해지게 하겠다"라는 비뚤어진 신념을 가진 자였습니다. 신전 방화 후에도 죄를 뉘우치기는커녕 자랑스럽게 떠들고 다녔죠. 에페소스 시민들의 분노는 대단했고, 관료들은 당장 그를 사형에 처했습니다. 또 시민들의 원성을 가라앉히고 나중에 유사한 범죄가 일어나지 않도록 헤로스트라토스의 이름조차 언급하지 못하게 했다는 설도 있습니다.

그러나 기원전 4세기의 그리스 역사가이자 전기작가였던 테오폼푸스Theopompus가 『헬레닉스Hellenics』에 이 사건을 기록하면서 헤로스트라토스의 바람대로 그의 악행은 후대에 전해지게 되었습니다. '헤로스트라토스 증후군'이라는 단어도 있고요. 유명해지고자 하는 병리적 욕망을 가리킵니다. 그 욕망이 너무나 커 범죄 행위를 저지르고 그로 인한 악명을 즐기는 것을 뜻합니다.

더 크게, 더욱 웅대하게

에페소스 사람들은 다시 한번 신전 재건을 위해 힘썼습니다. 처음에는 홍수로, 두 번째는 방화로 불탔으니 세 번째 건축입니다. 두 번째와 세 번째 모두 '새로 짓다'라고 해야 할 만큼 재건보다는 신축에 가까웠습니다. 필론이 꼽은 7대 경관은 세 번째 신전을 가리킵니다. (기록마다 조금 차이는 있는데) 신전의 총 길이는 115미터에 달했고, 너비는 46미터였습니다. 그리고 20미터 가까운 높이의 백색 대리석 기둥이 127개나 사용되었다고 합니다.

모두가 신전 건축에 최선을 다했습니다. 왕은 물론 여성들도 가지고 있던 보석을 팔아 자금을 마련하는 등 한마음으로 힘을 보탰습니다. 야심이 강한 에페소스인들은 지구상의 어떤 신전과 비교해도 뒤처지지 않는, 세상에 유일무이한 건축물을 만들고자 했습니다. 이 시기에 가장 뛰어난 신전이라고 평가받던 건축물은 아테네의 파르테논 신전이었는데요. 에페소스인들은 아르테미스 신전을 파르테논 신전의 두 배 규모로 만들기로 했습니다. 그렇게 세 번째 아르테미스 신전은 기존보다 더 거대하게 부활했습니다. 순도 높은 순백색 대리석만 사용함으로써 화창한 날에 보면 신전이 자체적으로 빛을 발산하는 듯했죠. 신비롭고 아름다운 분위기는 모두를 매료시켰습니다. 건축물의

아르테미스 신전 상상도(위)와 현재 이스탄불 미니아투르크 공원에 있는 모형(아래).

규모와 화려함은 입소문을 타고 유럽 전역으로 퍼졌습니다. 에페소스는 아르테미스 신전 외에도 다른 여러 건축물에 대리석을 사용하여 인기 관광지로 부상합니다. 에페소스 항구는 언제나 관광객을 태운 배들과 교역 상인들로 넘쳐 났습니다.

페르시아 침공 때 아르테미스 신전은 에페소스인들의 최후의 피난처로 사용되었습니다. 페르시아인들이 도시 중심부까지 밀고 들어오자 사람들은 신전으로 뛰어가 신전 기둥에 스스로를 줄로 묶고는 "성역이다!" 하고 외쳤다는데요. 페르시아군들도 신전 안으로 도망친 에페소스인들은 해치지 않았습니다. 일종의 불문율로, 우연히 신전 안으로 들어간 동물들도 같은 대우를 받았습니다. 에페소스인들의 굳은 신념으로 신전은 또 한 번 살아남을 수 있었죠.

268년, 고트족의 습격으로 신전 이곳저곳이 파괴됩니다. 최종적으로 신전을 파괴한 것은 기독교였습니다. 그리스는 여러 신을 숭배했던 반면에 기독교는 유일신을 섬기죠. 에페소스에 기독교가 번지자 신전의 존재가 위협받습니다. 기독교인들의 눈에 아르테미스 신전은 인간을 타락시키는 우상 숭배를 상징했던 거죠.

4세기를 기점으로 기독교가 로마의 국교가 되고부터 대대적인 탄압이 시행됩니다. 신전을 파괴하고 기독교를 포교한다는 일종의 슬로건에 따라 신전을 장식한 여러 조각상을 처분해 나갑니다. 우수하고 값비싼 재료로 세워진 건축물이었기에 파괴해서 버리는 것보다는 재활용에 초점을 두는데요. 이스탄불 아야 소피아Hagia Sophia Mosque의 수

아야 소피아의 정식 명칭은 하기아 소피아 그랜드 모스크다.

많은 초대형 기둥도 원래는 아르테미스 신전을 지키던 대리석이었습니다. 비잔티움 건축을 대표하는 이곳은 6세기에 동방 정교회 대성당으로 세워졌다 오스만 제국의 콘스탄티노플(이스탄불의 옛 이름) 정복으로 이후로는 모스크로 사용됩니다.

잠든 아르테미스를 깨운 자는?

1858년, 영국의 건축가이자 고고학자였던 존 터틀 우드John Turtle Wood가 기차역 설계를 의뢰받고 튀르키예를 방문합니다. 사라진 아르테미스 신전 이야기를 들은 그는 흥미를 느끼는데요. 소박한 호기심에서 시작했던 궁금증은 점점 커졌고, 수년간의 준비를 거친 우드는

1863년 발굴 작업을 시작하죠.

영국박물관이 후원에 나서 그에게 발굴 허가와 비용을 지원해 주었습니다. 조건은 에페소스에서 발견되는 유물에 대한 권리였죠. 3여 년의 시간이 흐른 1866년 2월, 우드는 그리스어로 된 비문을 발견합니다. "신전에서 마그네시아 문을 거쳐 다양한 금은 조각상이 극장으로 운반되었다." 비문을 해석한 우드는 마그네시아 문에서 신전까지 이어지는 일종

존 터틀 우드.

의 도로를 발견할 수 있지 않을까 생각한 끝에 길의 흔적을 좇기 시작합니다. 이 예상은 들어맞습니다. 도로 끝에서 그토록 고대하던 아르테미스 신전 벽이 나타났죠.

영국박물관에 보관되어 있는 아르테미스 신전 일부.

우드는 발굴에 더욱 박차를 가했습니다. 1869년 12월 31일, 땅속 6미터 아래에서 아르테미스 신전의 자태가 보이기 시작합니다. 남은 건 잔해뿐이었지만 깊이 잠들어 있던 고대의 불가사의가 세상의 빛을 보는 순간이었죠. 당시 우드가 발굴한 아르테미스 신전의 일부는 현재

영국박물관이 소장하고 있습니다.

나는 전차들이 달린 바빌론의 성벽과, 알페우스 강변의 제우스 신상을 목도했다. 아름다운 공중정원과 거대한 로도스의 거상, 높다란 피라미드와 장엄한 마우솔로스의 묘도 보았다. 그러나 구름에 닿을 만큼 우뚝 서 있는 아르테미스의 신성한 전당을 보았을 때 이 모두가 그늘에 가려졌으니, 태양마저 올림포스 밖에서 그와 견줄 만한 것을 보지 못했기 때문이리라.

– 고대 그리스 시인 안티파트로스Antipatros의 『그리스 사화집』 중

기묘한 밤 영상

7대 불가사의
'아르테미스 신전' 속에 감춰진 비밀들

4 _____ 알렉산드리아 등대

언어로 영원히
살아남은 등대

알렉산드리아를 대표하는 건축물

카이로에서 북서쪽으로 200여 킬로미터 떨어진 이집트 북부의 도시 알렉산드리아Alexandria는 수도 카이로 다음가는 대도시로 상공업의 중심지입니다. 잘 알려진 대로 일찍이 알렉산드로스 대왕이 자신의 이름을 붙여 세운 도시이죠. 알렉산드리아는 헬레니즘 시대의 대표적인 문화 중심지였습니다.

원래는 알렉산드로스의 부하였던 프톨레마이오스가 기원전 323년 대왕의 사망 이후 이집트의 사트라프satrap(속주를 다스리는 총독)로 임명되고, 기원전 305년 스스로를 '프톨레마이오스 1세 소테르'로 칭하며 이집트의 통치자가 되면서 프톨레마이오스 왕조 시대가 열립니다.

이들이 기원전 30년 로마군이 당
도할 때까지 275년간 이집트를
다스리죠. 프톨레마이오스 왕조
의 실질적인 마지막 파라오가 클
레오파트라입니다.

알렉산드리아는 이집트의 프
톨레마이오스 왕조 시대에 번성
하여 일찍이 대도시로 성장했습

왕실 부속 연구소 무세이온.

니다. 도시 안에는 학문 연구소인 무세이온Mouseion, 도서관, 천문대,
동물원 등 여러 선진 시설이 세워졌는데요. 그중에서도 알렉산드리아
의 등대를 최고로 꼽습니다. 등대가 파로스Paros 섬에 있어 '파로스의
등대'라고도 합니다.

알렉산드리아는 기원전 331년 건설되었다.

1천500년 동안 알렉산드리아를 밝힌 등대

알렉산드리아의 등대가 필론의 7대 경관에 선정된 이유 가운데 도시의 지형 문제를 빼놓을 수 없습니다. 인근의 해안선이 복잡하여 배들이 정박하는 데 어려움을 겪었던 거죠. 기원전 331년에 건설된 알렉산드리아는 일찍이 무역의 중심지로 활약하면서 여러 선박이 오갔음에도 이들을 안내하거나 감시할 만한 높은 건물이 없었습니다. 이에 프톨레마이오스 1세는 알렉산드리아 근해에서 약 1킬로미터 떨어진 파로스 섬에 등대를 세우라고 지시합니다. 왕은 그것이 단순한 등대가 아닌 하나의 기념비적 건축물이 되기를 염원했습니다. 이로써 '거대하면서도 아름다운 등대' 건설이 시작됩니다.

이 웅장한 건축물을 누가 설계하고 또 완성했는지는 논란의 여지가 있으나 소스트라투스Sostratus라는 건축가의 작품이라는 것이 정설입니다. 등대는 프톨레마이오스 1세의 통치 기간에 건설을 시작하여 그의 아들인 프톨레마이오스 2세 때 완공되었는데요. 여러 세기 동안 인간이 만든 가장 높은 건축물이었던 이 등대의 건축 기간은 짧게는 12년, 길게는 20년 정도로 추측합니다.

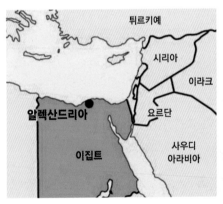

알렉산드리아는 오랫동안 이집트의 수도였다.

고대 문헌과 자료에 따르면 알렉산

드리아의 등대는 백색 석회암으로 지어졌으며, 높이는 100미터 이상이었다고 합니다. 어두운 밤에 항해를 안내해야 하는 등대는 멀리서도 눈에 잘 띄어야 하기에 보통 탑 형식으로 짓습니다. 오늘날 가장 높은 등대로 알려진 등대는 사우디아라비아에 있는 제다항 등대Jeddah Light로, 약 133미터입니다. (세계 2위는 부산에 있는 용두산 등대로 약 120미터입니다.)

7미터 높이의 기단 위에 3층 구조로 건설된 알렉산드리아의 등대는 각각의 층마다 완벽에 가까운 정교한 비율로 설계되었습니다. 견고하게 지어진 덕에 지중해의 거친 파도와 바람을 맞으면서도 무려 1천 500년간 한자리에 서 있을 수 있었죠. 미리 말하자면 필론의 7대 경관 중 세 번째로 오래 살아남은 건축물입니다.

등대의 맨 꼭대기, 네 모서리에는 그리스 신화에 나오는 반인반어의 해신 트리톤Triton을 비롯하여 제우스, 포세이돈 등의 조각상이 항

제다항 등대.

구를 굽어보는 형태로 자리 잡았을 것으로 예상합니다. 건물 내부에는 불을 밝힐 연료를 나르기 위한 나선형 계단이 있었을 거라고 보고요. 또 불빛이 나오는 부분에는 커다란 거울 반사경과 화로가 설치되었다는데요. 낮에는 햇빛을 반사시키고 밤에는 불

포세이돈의 아들 트리톤.

을 태워 바다를 오가는 배들의 길잡이가 되어 주었을 테죠.

등대의 크기만큼이나 반사경 또한 엄청나게 커서 해안에서 최대 56킬로미터 떨어진 곳에서도 인간의 눈으로 불빛을 확인할 수 있었을 정도였습니다. 학자들은 당시의 기술력으로 어떻게 이런 반사경을 만들 수 있었는지 궁금해했습니다. "고광택 금속으로 만들어졌다", "은색 유리로 만들어졌다" 등의 다양한 의견이 나왔지만 명확하게 밝혀진 사실은 없습니다.

전쟁 때도 유용했을 거라는 주장입니다. 반사경에 태양 광선을 집중시켜 적선의 시야를 방해하는 데 사용되었거나 굴절 거울을 사용해 멀리 떨어진 물체를 확대하는 일종의 망원경 역할을 했다는 거죠. 이 주장은 가능성이 있어 보입니다. 등대 내부에 364개의 방이 존재했으니 군인들의 막사로 사용되었을 수도 있습니다. 적군의 침입에 대비하여 상수도 시설을 갖추었고, 또 유사시에 등대를 걸어 잠그고 요새화할 수 있게 했죠.

등대의 흥망성쇠

수많은 여행가와 탐험가가 알렉산드리아의 등대의 아름다움을 기록했습니다. 이집트에서는 등대의 모습을 새긴 기념주화를 발행하기도 했는데요. 그 명성은 바다와 사막을 건너까지 전해졌습니다. 태종 2년(1402년) 조선에서 제작된 동양에서 가장 오래된 세계지도인 '혼일강리역대국도지도混壹疆理歷代國都之圖'에도 알렉산드리아의 등대의 모습을 볼 수 있죠. 지도의 이름은 '역대 나라의 수도를 표기한 지도'라는 뜻입니다. 우리나라 학자들이 중국과 일본에서 들여온 지도들을 토대로 새롭게 제작한 것으로, 15세기 동북아권에도 알렉산드리아의 등대가 알려져 있었음을 알 수 있습니다.

7세기 이슬람 제국의 이집트 정복으로 알렉산드리아는 아랍인들의 손에 들어갑니다. 알렉산드리아의 등대에 관해서도 아랍인들이 가장 많은 기록을 남기고요. 대표적으로 1183년 아랍의 지리학자 이븐 주바일의 글을 들 수 있습니다.

등대는 하나의 단어로 아름다움을 다 표현할 수 없으며, 우리의 두 눈으로는 그 위대한 장관을 모두 담을 수 없다.

물론 알렉산드리아의 등대도 수차례 위기를 맞이했습니다. 이슬람 정복 후에도 제 기능을 수행했지만 796년, 등대의 맨 꼭대기 부분이

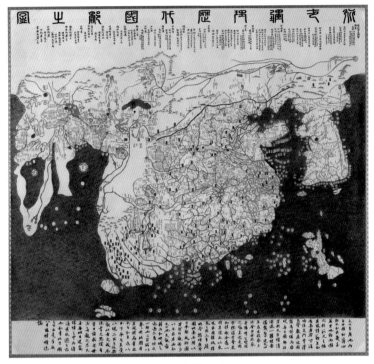

현존하는 동양 최고의 세계지도인 혼일강리역대국도지도.

파괴되었습니다. 이후로는 등대의 중간 부분에 등댓불을 설치하여 사용했다고 합니다. 툴룬 왕조의 아흐마드 툴룬이 880년 즈음 손상된 등대를 상당 부분 복원했지만 950년과 956년의 두 번에 걸친 지진으로 이번에는 외벽에 큰 금이 갑니다. 8세기와 10세기에는 판의 이동으로 알렉산드리아 지역은 지진이 잦았습니다. 등대의 높이가 워낙에 높아 타격을 피할 수 없었고요. 10세기에 발생한 지진으로 상부의 20미터

여러 버전의 알렉산드리아 등대 상상도.

거대한 등대를 그린 그림들.

정도가 무너져 내렸고, 사고가 발생할 때마다 부분적으로 문제를 해결해 나갈 수밖에 없어 높이는 계속 줄어듭니다.

온갖 풍파 속에서도 등대는 제 역할을 했습니다. 높이가 줄고 등댓불을 밝히기 어려운 상황에서는 감시탑 기능을 수행했습니다. 선박들의 동태를 살피기에 최적의 마천루였죠. 그러나 1303년과 1323년의 대지진으로 반파가 될 정도로 커다란 피해를 입습니다. 모로코의 유명한 탐험가 이븐 바투타Ibn Battuta가 1325년 알렉산드리아를 방문해 다음과 같이 기록합니다.

등대의 한쪽 벽은 이미 무너져 버렸다. 문 앞에는 나무판 하나를 가로질러 놓았는데, 허름하기 짝이 없었다.

바투타는 1349년에도 알렉산드리아를 찾습니다. 이때 등대는 완전히 허물어져 버린 상태로, 잔해만 남은 초라한 모습이었다고 합니다. 그리고 1480년, 이집트의 술탄이 등대의 잔해를 요새 건설에 가져다 쓰면서 완전히 자취를 감추죠. 이후로는 문헌을 통해서만 전해져 옵니다.

파로스의 등대는 새로이 켜질까?

1968년, 알렉산드리아에서 발굴 작업을 진행하던 고고학자들이 항구 인근에서 알렉산드리아의 등대의 잔해로 보이는 흔적을 발견합니다. 하지만 발굴 지역이 군사 지역으로 지정되어 있었고, 충분한 인력도 없어 작업은 잠정 중단되고 마는데요. 발굴이 재개된 것은 1994년이 되어서입니다. 이때 프랑스의 고고학자들이 알렉산드리아 동쪽 항구 해저에서 무너진 기둥과 벽의 잔해를 찾아내는 데 성공합니다.

이 일을 기점으로 등대의 흔적을 찾는 집중 조사가 시작됩니다. 그리고 발굴 팀이 수백 점에 달하는 유물들을 추가로 발견하는 성과를 이루고요. 이 가운데 34점의 유물이 인양되었으며, 등대의 것으로 보이는 4톤가량의 석재 및 등대 상부를 장식했던 것으로 추정되는 조각상도 발견할 수 있었습니다. 프랑스 발굴 팀은 10세기 혹은 14세기에 발생한 지진 때 바다로 떨어진 등대의 일부로 추측된다고 했죠. 인양된 유물들은 고고학적 가치를 인정받아 현재는 알렉산드리아 박물관에 소장되어 있습니다.

등대를 현대식으로 다시 짓자는
의견들은 1978년부터 나왔습니다.
2015년에는 이집트 정부가 항구의
분위기를 바꾸고자 등대 자리에 마
천루를 짓는 안을 검토했지만 아직
이렇다 할 결과가 마련되지는 않았
습니다. 무형의 결과들도 있습니다.

알렉산드리아 박물관.

15세기에 세상에서는 자취를 감추었으나 알렉산드리아의 등대의 별
칭인 파로스는 여러 언어에서 등대를 뜻하는 단어의 기원이 되었습니
다. 프랑스어의 'phare', 이탈리아어의 'faro', 포르투갈어의 'farol', 스
페인어의 'faro' 등에서 찾아볼 수 있죠. 이 모두가 기원전 3세기에 지
어진 알렉산드리아의 등대를 다시 보고 싶게 합니다.

기묘한 밤 영상

7대 불가사의 중 하나였던
135미터 높이의 거대 등대

5   마우솔레움

아름답고도
거대한 무덤

인디아나 존스의 모티프가 된 무덤

'인디아나 존스'는 40년 넘게 우리에게 고대에 대한 신비감과 모험에 대한 열정을 불러일으키고 있는 영화 시리즈입니다. 시리즈의 첫 작품은 1981년에 제작된 《레이더스》입니다. 고고학자 인디아나 존스(해리슨 포드 분)는 고생 끝에 어느 동굴에 보관된 보물을 손에 넣지만 악덕 고고학자 벨로크에게 빼앗깁니다. 어느 날, 정보국 사람들이 찾아와서는 미국 정보부 유럽 지부가 나치의 무선을 도청했는데 그 내용이 모세가 호렙산에서 가져왔다가 깨뜨린 십계명이 새겨진 석판 조각을 보관한 성궤의 위치를 알아냈다는 것이었죠. 나치보다 먼저 이 성궤를 손에 넣기 위해 존스는 여러 번 무대를 바꾸고 생명을 위협당하면서도 수없이 손에 땀을 쥐게 하는 모험을 떠납니다. 지금 봐도 너무나 재미있는 이 영화는 '마우솔레움Mausoleum'의 발굴 과정을 상당 부분 참고한 것으로 알려져 있습니다.

마우솔레움은 아나톨리아 지방의 고대 국가 카리아Caria를 다스렸던 마우솔로스Mausolos가 자신을 숭배하기 위한 목적으로 지은 무덤인 할리카르나소스 Halikarnassos (현재 튀르키예의 보드룸)의 마우솔레움에서 유래되었습니다. 오늘

영화 《레이더스》 포스터.

날에는 왕릉 등 중요 인물을 기념하는 웅장한 무덤을 가리키는데요. 영묘와 그것의 발굴 과정에 어떤 흥미진진한 이야기가 숨어 있을지 궁금하지 않나요?

오늘날의 튀르키예 보드룸 모습.

영원한 사랑을 상징하는 무덤

카리아의 왕 마우솔로스.

카리아의 통치자였던 마우솔로스는 기원 전 4세기경 인물입니다. 당시 카리아는 형식 적으로는 페르시아 제국에 복속되었기에 정 식 직책은 사트라프(태수)입니다. 그러나 이 시기 카리아의 사트라프는 군사와 내정권을 모두 갖고 있어 실질적으로는 왕이었습니다. 마우솔로스는 이른바 '사트라프 대반란', 즉 소아시아의 여러 태수가 제국에 반기를 든 사건의 중심인물 중 하나입니다. 여러 전쟁에 참여 했고 다른 지역으로의 진출을 시도하여 로도스 섬을 정복하는 등 적극 적인 성격을 지녔습니다.

고대에는 권력을 지키기 위해 근친혼을 하는 경우가 흔했습니다. 이집트가 대표적이고, 우리나라에서도 신라와 고려 시대에 근친혼이 존재했습니다. 마우솔로스가 자신의 누나인 아르테미시아Artemisia II 와 결혼한 이유도 비슷했습니다. 부부 이전에 피를 나눈 남매였던 둘 의 관계는 부부 이상의 결속력을 지니지 않았을까 싶은데요. 남편을 화장하고 남은 재를 포도주에 타서 마셨다는 일화도 전해집니다. 깊 은 사랑에서 비롯된 그리움 때문이었습니다.

무엇보다 마우솔로스 영묘가 보통의 건축물이 아니라 이와 같은 추 측을 가능케 합니다. 마우솔로스는 왕이 된 지 24년이 되는 기원전

353년에 사망합니다. 그리고 아내인 아르테미시아가 남편에 이어 통치권자가 됩니다. 아내이기만 했다면 깊은 슬픔에서 멈추었겠지만 안정된 상태였던 카리아의 통치를 맡고 있었기에 무덤 공사에 착수할 수 있었죠. 다만 마우솔로스 사망 2년 후에 아르테미시아마저 세상을 떠남으로써 완공되기도 전에 위기가 찾아오고 맙니다. 다행히 건축가와 조각가들은 작업을 멈추지 않았습니다. 이와 같은 우여곡절을 겪고 나서 완공된 마우솔로스 영묘는 세상에서 가장 아름다운 영묘로 관심을 사로잡습니다.

17세기 이탈리아 화가 프란체스코 무리니가 그린 아르테미시아.

기원전 350년경에 완성된 영묘는 진시황릉보다 100여 년 앞서서, 올림피아의 제우스상보다는 100년 후에 만들어졌습니다. 그 아름다움은 단연 독보적이었는데요. 문헌에 따르면 길이는 38미터이고 폭은 33미터로, 약 380평에 해당하는 넓이를 자랑했습니다. 또 높이는 43미터로 아파트 10층 정도였고요.

카리아 예술의 집합체

마우솔로스의 영묘는 밝게 빛나는 흰색 대리석으로 만들어졌는데요. 유명 건축가 프티오스Pythios 또는 Pythius가 전체 건설을 지휘했습니다. 소아시아 출신의 건축가였던 그는 "건축가는 모든 예술과 과학에 있어 그 개별 주제에 대해 근면과 노력을 통해 최고 명성을 얻은 사람보다 뛰어난 능력을 보여 주어야 한다"고 했습니다. 프티오스 외에도 고대 그리스에서 이름을 날렸던 스코파스, 브리악시스, 레오카레스, 티모테오스가 각자 한 면씩 맡아 우아한 헬레니즘 양식의 조각을 구현해 냈습니다.

보드룸에 있는 마우솔로스 영묘 모형.

마침내 완성된 영묘의 위용은 대단했습니다. 높은 언덕 위에 우뚝 선 거대한 대리석 건축물은 햇빛을 받을 때마다 찬란한 광채를 뿜어냈죠. 입구 양옆에는 큼지막한 사자상이 있었고, 벽면에는 다양한 부조가 조각되어 있었는데요. 마우솔로스가 통치하던 곳은 페르시아 지역이었지만 당시 그리스 문화도 함께 번창했기에 그리스에서 영감받은 조각들이 많았습니다.

1층 단 위에는 그리스 신전을 연상케 하는 건축물이 세워졌습니다. 기둥 길이는 약 12미터로, 각 면마다 10개의 기둥이 세워졌고, 그 사이마다 높이 3미터의 동상들이 빼곡히 들어섰습니다. 기둥들이 받치고 있는 지붕은 피라미드 형태로, 높이가 7미터였다고 하죠.

마우솔로스 영묘를 더욱 신비롭게 만든 것은 최상단부에 놓인 마차 조각상이었습니다. 영묘의 주인인 마우솔로스와 아르테미시아 부부를 태운 모습으로 조각된 마차의 최고 높이는 약 6미터에 달했는데요. 40미터 높이의 건물 꼭대기에다 큼지막한 예술의 집합체를 하나 더 올린 셈이죠.

> 할리카르나소스에, 그 어떤 사라진 옛 그림자와도 비교할 수 없는 거대한 아름다움으로 가득 찬 무덤이 서 있다.
>
> — 고대 로마 극작가 루키아노스Lukianos

영묘의 알려지지 않은 내부

마우솔로스 통치 이후 나라의 이름은 수없이 바뀌고 여러 사건이 벌어졌지만 모두 생략하겠습니다. 그리고 1852년, 영국박물관 소속 고고학자 찰스 토머스 뉴턴Sir Charles Thomas Newton은 박물관으로부터 유물 수집의 임무를 부여받습니다. 그는 이후 8년 동안 세계 곳곳에서 고古 미술품을 구입하여 박물관에 보냈는데요. 직접 발굴을 주도도 했던

영국의 고고학자 찰스 토머스 뉴턴.

뉴턴은 1860년 발굴지 후보를 물색하던 중 튀르키예 보드룸 지역에 관심을 가집니다. 고대 작가들이 쓴 수많은 문헌을 살펴봤기 때문이죠. 박물관 측도 뉴턴에게 파견 명령을 내리고요.

보드룸은 튀르키예 남서부 물라 주에 있다.

1년 후, 보드룸으로 향한 찰스는 보드룸을 한번 둘러보고는 대발견을 직감합니다. 과거의 영광은 사라진 황폐한 모습이었지만 드문드문 있는 집들 사이로 고품질의 오래된 대리석 기둥이 솟아올라 있었기 때문이죠. 이 부지를 사들인 그는 곧바로 발굴을 시작함으로써 얼마 안 가 고대의 부조 장식과 대리석 사자 조각 등을 발견하기에 이르는데요. 마우솔레움의 지붕 위

마우솔로스 영묘를 그린 그림.

에 있었다던 마차의 잔해로 추정되는 돌 전차 바퀴의 일부도 발굴합니다. 그야말로 대발견이었죠.

그러나 거대하고 아름다운 마우솔로스 영묘의 내부가 어떠했는지는 현재까지도 밝혀지지 않은 미스터리입니다. 엄청난 외부를 자랑했던 만큼, 그에 못지않게 내부 역시 화려하고 아름다웠으리라 여겨집니다.

12세기에서 14세기 사이에, 이토록 빛나던 마우솔로스 영묘는 지진으로 무너져 내립니다. 1409년 성 요한 기사단이 십자군 원정으로 이곳을 점령했을 때 이미 나머지는 다 사라지고 영묘의 기단부만 있었다죠. 그리고 기사단은 지역 요새를 보수하기 위해 무너진 영묘의 석재를 이용했습니다. 고대에 영묘 벽면을 꾸몄던 부조는 중세에 요새의 성벽을 장식하는 데 쓰이는데요. 마우솔로스 영묘는 더는 지상에서 그 흔적을 찾아볼 수 없게 되었습니다.

몇몇 문헌에 따르면 처참하게 부서진 지상과 달리 지하는 보존이 잘 되어 있었습니다. 성 요한 기사단의 클로드 기샤르는 다음과 같은 기록을 남겼습니다.

마우솔로스 영묘에서 발견된 조각상들.

지하 묘지에서 흰 대리석으로 장식된 무덤을 발견했는데, 그 아름다움은 이루 말할 수 없었다. 다음 날 관을 개봉하기로 하고 이튿날 다시 와서 보니 무덤은 이미 파헤쳐져 황금 조각 등과 옷 조각들이 사방에 떨어져 있었다. 그 속에는 엄청난 보물들이 있었을 것이다.

이로 미루어 영묘 안의 석실이 외부 이상으로 화려했음을 추측할 수 있습니다. 물론 그의 증언 하나만으로 내부 모습을 가늠하기에는 턱없이 부족합니다. 다만 사랑하는 이의 영원한 안식을 위해 마련한 영묘라면 밖보다 안을 훨씬 더 신경 쓰지 않았을까요?

마우솔로스 영묘에서 발굴된
마우솔로스 대왕 석상.

전설이 현실이 될 수 있을까?

1970년대에 발표된 덴마크 오르후스 Aarhus 대학의 크리스티안 예페센Kristian Jeppesen 교수의 분석에 따르면 영묘는 십자군이 도착하기 전에 도굴되었을 가능성이 큽니다. 마우솔로스와 아르테미시아가 사망한 후에 영묘가 위치한 할리카르나소스를 점령했던 세력만도 10개가 넘죠. 1천700년 가까운 시간 동안 수없이 많은 도굴과 약탈이 존재했을 겁니다. 또한 예페센 교수는 마우솔로스와 아르테미시아는 화장되어 봉해졌기에 관을 열어 매장품을 도굴했다는 기샤르의 기록은 신빙성이 떨어진다고 덧붙였습니다.

영묘의 내부와 함께 사라진 유적의 커다란 일부는 현재 추측만 가능한 상황입니다. 1천 년 넘게 우뚝 서 있던 강인하고 거대한 묘는 어느새 몇 안 되는 기록을 통해 상상해 봐야 하는 대상이 되었죠. 찰스 토

마우솔로스 영묘에서 발견된 부조들.

오늘날 보드룸에 남아 있는 마우솔로스 영묘 유적지.

머스 뉴턴의 발견이 아니었더라면 지금까지 땅속에 묻혀 있었을 수도요. 영원을 꿈꿨으나 한순간 무너져 내린 마우솔로스 영묘. 실재하지 않더라도 우리는 충분히 그려 볼 수 있습니다.

기묘한 밤 영상

서양판 진시황릉이라고 불리는
7대 불가사의 마우솔레움

고대에 수립된 필론의 7대 경관은 인간의 창의성과 기술력, 그리고 문화적 유산을 상징하는 기념비적 존재들입니다. 이들 각각은 당대인들에게 경외감을 불러일으켰고, 오늘날에도 많은 이에게 영감을 주고 있죠. 지나온 이야기들을 통해 고대의 불가사의들이 어떻게 수립되었는지, 그리고 그들의 유산이 현대에 어떤 영향을 주었는지를 살펴보았습니다.

7대 불가사의는 건축물 이상의 의미를 지니고 있습니다. 고대 문명이 지닌 기술의 집합체이자 예술의 성취물로, 각기 다른 문화와 시대의 정수를 담고 있죠. 현재는 찾아볼 수 없는 거대한 이름들에서는 지금도 진하게 남아 있는 권력과 신앙, 인간의 야망과 한계 또한 느낄 수 있습니다. 잊힌 유물이 아닌 인류가 어떻게 발전하고 존속해 왔는지를 보여 주는 중요 증거입니다. 우리에게 과거의 지혜를 상기시키며, 현재와 미래를 연결하는 다리를 놓아 주었습니다. 후대인에게 남겨진 수많은 수수께끼에 관한 논의는 계속 이어지고 있지만 좀처럼 끝날 기미는 보이지 않는데요. 앞으로도 끊임없이 탐구되고, 해석될 것입니다.

필론의 7대 경관과
함께 보면 좋을 기묘한 밤 콘텐츠

 1 스틱스 강 너머에 있었다는 '지상낙원의 섬'이
실제로 존재했다는 증거들

 2 알렉산더 대왕이 전쟁 중 목격한
'불을 내뿜는 은빛 UFO'의 정체

 3 풀리지 않은 고대의 7대 불가사의,
'바빌론의 공중정원'

 4 고대 석판 속에 그려져 있는 성경 속
바벨탑의 모습

 5 이집트 쿠푸 왕 대피라미드보다도 더 거대했던
200미터 높이의 고대 무덤 '라르스 포르세나'

더 알아보기

✦ 무세이온Mouseion

고대 헬레니즘 세계에서의 학당을 지칭하는 무세이온은 영어 'museum' 의 어원이다. 원래는 학당이 아니라 고대 그리스의 학술과 예술의 여신 무사(영어로 뮤즈)의 사당으로, 사당에서 학당으로 발전했다. 알렉산드리아 도서관도 무세이온의 부속 기관이었다.

✦ 십자군 원정(전쟁)

11세기 후반에 이슬람 세력인 셀주크 튀르크가 성지 예루살렘을 점령하고 비잔티움 제국을 압박해 오자 교황 그레고리우스 7세가 서유럽 기독교 세력에 도움을 청해 벌어진 전쟁을 말한다. 서유럽의 군인들이 예수를 기리고자 십자가를 가지고 전쟁을 벌였다고 십자군 전쟁이라고 부른다. 1095년부터 1291년에 걸쳐 간헐적으로 발발했다.

✦ 헬레폴리스Helepolis

고대 그리스에서 사용된 공성탑으로 '도시(폴리스)'의 '약탈자(헬레)'라는 의미다. 알렉산드로스 대왕의 동방 정복 때 최초로 건조되었는데 여러 개의 노포弩砲가 장착되어 있었다. 무게는 150톤, 높이는 43미터라 움직이는 성城 같은 느낌이었다. 헬레폴리스를 움직이는 데는 3천여 명이 필요했다.

1
칸다하르의 거인

살아 있는 거인을
총으로 쏘아
사살한 미군들

K의 픽

미군이 아프가니스탄에서 거인과 마주쳤다는 내용을 담은 칸다하르의 거인 이야기는 기묘한 밤에게 효자 같은 녀석이다. 조회 수 지옥에 허덕이고 있을 때, 처음으로 '터진' 영상이라서다. 채널을 오픈한 지 세 달 정도가 지났음에도 구독자는 100여 명 남짓이었다. 영상을 업로드하자마자 해당 주에 몇 천 회의 조회 수가 찍히더니, 처음으로 1만 회 돌파! 그렇게 상승세를 타고 10만 회, 30만 회, 50만 회를 넘어섰다. (이 글을 적고 있는 지금은 276만 회!) 이 영상이 물꼬를 터 주자 다른 영상들도 반응이 오기 시작하면서 이전에 올렸던 영상에도 댓글들이 달렸다. 덕분에 '거인' 소재 이야기들은 기묘한 밤 채널의 단골 레퍼토리가 되었다. 그리고 전 세계 곳곳의 거인 일화들을 수집하며 이런 생각이 들었다. '그들은 정말 인류의 잃어버린 역사가 아닐까?'

진시황릉 - 황제의 무덤에 숨은 비밀

모아이 석상만이 알고 있는 진실

마추픽추 고대 잉카의 미스터리

치첸이트사 해골 위에 세워진 문명, 마야

앙코르와트 정글에서 발견된 신들의 도시

기묘한 밤이 뽑은 미스터리 Best 5

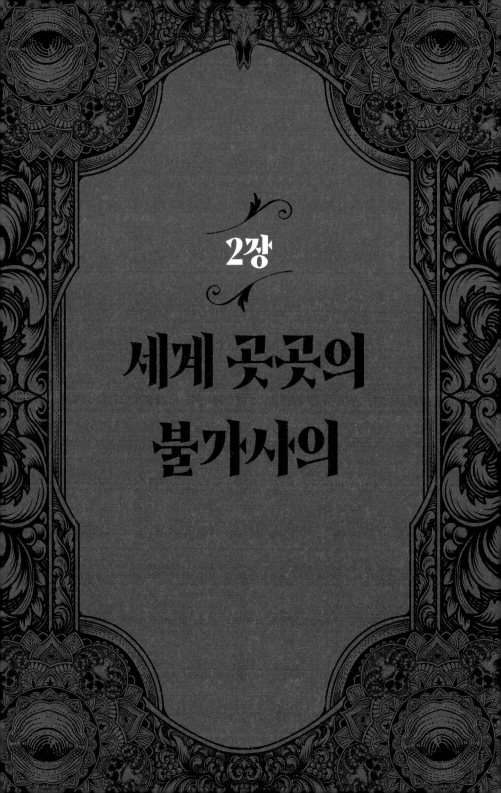

2장

세계 곳곳의
불가사의

이집트의 피라미드, 이스터 섬의 모아이, 중국의 만리장성 등. 이들을 인간의 힘으로만 쌓아 올렸다는 것은 현대의 과학으로도 다 풀지 못한 미스터리입니다. 관련해서는 수많은 추측과 가설이 존재했고, 지금도 쉼 없이 새로 생산되고 있습니다. 일부 과학을 통해 의혹이 풀린 것들도 있지만 그럼에도 우리가 수천 년 전 유적에 불가사의한 매력을 느낀다는 점은 부정할 수 없습니다.

그래서 가장 먼저 우리를 '미스터리'라고 하는 미지의 세계로 이끌었던 그것들을 살펴보려고 합니다. 그 전부를 샅샅이 들여다볼 수는 없겠지만 그중 아주 오랜 시간에 걸쳐 많은 역사책에 기록되고, 해소되지 않는 궁금증을 품게 만드는 몇 가지를 새로이 보려 합니다.

여러분만의 리스트를 만들어 볼 수도 있습니다. 세상에는 아직 밝혀지지 못한 것들이 너무나 많습니다. 또한 호기심이야말로 미스터리를 풀고 우리의 세계를 한 차원 높은 곳으로 인도하는 강력한 동기이자 힘입니다. 여기 나온 이야기들도 처음에는 단순한 호기심 혹은 작은 궁금증에서 시작되었을 터입니다.

1   진시황릉

황제의 무덤에
숨은 비밀

진시황이 잠든 곳

진시황秦始皇을 사람 이름으로 알고 있
는 분들도 많을 테죠. 사실 보통명사에 가
깝습니다. 진시황은 기원전 221년에 중국
을 통일하고 진秦나라 최초의 황제(시황
제)가 된 인물로, 정확히 말하자면 진 시
황제입니다. 당연히 진 씨도 아니고요. 성
은 영嬴, 이름은 정政입니다. 어쨌든 2천
년도 훨씬 전에 태어난 인물이 중국을 넘
어 전 세계에 여전히 이름을 떨치고 있다

진나라 초대 황제 진시황.

는 점은 정말 대단합니다. 열세 살이란 어린 나이에 왕이 되어 출생의 비밀부터 중국 통일까지 그야말로 다사다난한 삶을 보낸 끝에 패권을 얻은 그에게는 '불로장생'이라는 불가능한 꿈이 있었는데요. 누구도 이루지 못할 꿈이라 해도 자신은 이룰 수 있으리라 믿어 의심치 않았던 것 같습니다. 이와 관련된 일화는 무수히 많고, 장예모가 연출한 《진용》을 비롯하여 여러 차례 영화로 제작되기도 했습니다.

우선 들여다볼 것은 병마용갱兵馬俑坑입니다. '20세기 최고의 고고학적 발견'이라는 칭송과 함께 세계문화유산에 등록될 만큼 그 가치가 뛰어난데요. 간단히 말하자면 테라코타terra-cotta로 만들어진 전사와 말입니다. '점토terra를 구운cotta 것'이라는 뜻의 테라코타는 벽돌, 기와, 토관, 기물, 소상 등을 점토로 성형成形해 초벌구이한 것으로, 선사시대부터 사용되어 현재까지도 쓰이는 제작법입니다. 이들은 진시황의 무덤을 지키기 위한 목적으로 만들어졌죠.

우물 파던 농부가 발견한 묘의 정체

1974년 3월 29일, 중국 서안 지역의 농부였던 양신만은 우물을 파던 도중 땅속에서 이상한 것을 발견합니다. 꼭 사람처럼 보이는 물체들이 땅 아래 굴에 잔뜩 늘어서 있었죠. 양신만은 이를 관청에 보고했고, 심상치 않음을 느낀 중국 정부 측은 곧바로 발굴 작업을 진행했습니다. 이로써 진시황과 함께 잠들었던 병마용갱이 깨어납니다.

진시황릉 전경.

　대대적인 출토 작업의 결과로 병마용갱과 고작 1킬로미터 정도 떨어진 곳에서 진시황릉의 존재가 확인되었습니다. 중국에서 가장 유명한 황제의 무덤이 세상 밖으로 드러나는 순간이었죠. 진시황의 유명세에 비해 너무 늦게 발견되었다고 여길 수도 있습니다. 그럴 만한 이유가 있는데요. 살아생전 진시황은 수백 개의 궁을 짓고 지하도를 통해 이동함으로써 암살에 대비했고, 영생을 위해 무덤이 파헤쳐지는 걸 피하고자 이곳저곳에 가묘를 짓기도 했습니다. 이런 우여곡절을 거쳐 모습을 드러낸 진시황릉. 그런데 어쩐 일인지 현재까지도 제대로 된 발굴은 시작조차 하지 않았습니다. 무엇 때문일까요?

　중국의 전 총리였던 저우언라이周恩來는 이렇게 말했습니다.

병마용갱. 어마어마한 규모지만 상당수는 아직 흙 속에 묻혀 있다.

진시황릉은 크기가 너무 거대해 현대 기술로 훼손 없이 발굴하기란 불가능에 가깝다. 완벽한 발굴을 위해 우리는 이 작업을 지금보다 기술이 발전할 후대에 넘기도록 하겠다.

저우언라이 전 총리.

무덤 속을 흐르는 수은

중국 정부의 발표 외에 문제가 되는 요인은 또 있었습니다. 수은이었죠. 한평생 불로불사를 좇던 진시황은 영생의 해답이 수은에 있다고 믿었습니다. 문제는 그 욕망이 죽어서도 이어졌다는 데 있는데요. 중국 전한 시대의 학자 사마천이 쓴 『사기史記』에 따르면 진시황릉 내부에는 거대한 수은 강과 바다가 흘렀다고 합니다.

사마천(왼쪽)과 그의 저술 『사기』(오른쪽). 상고의 황제로부터 전한의 무제까지 2천여 년에 걸친 통사다.

9월, 시황제를 여산에 매장했다. 자동으로 발사되는 화살을 만들어 접근하는 자가 있으면 쏘게 만들고 수은으로 강과 바다를 만들어 쉬지 않고 흐르게 했으며 위로는 하늘의 모습을 아래로는 땅의 형상을 갖추게 했다.

-『사기』 진시황 본기 중

사마천은 기원전 145년경에 태어났고, 진시황이 세상을 떠난 것은 기원전 210년이니 반세기 이상의 시간 차이가 존재합니다. 즉, 사마천이 이야기한 것은 황릉을 실제로 돌아보고 남긴 기록이 아니라고 봐야 타당합니다. 이를 근거로 현대 학자들은 사마천의 기록이 허구적 표현이거나 떠도는 이야기를 적은 게 아니었을까 추측했습니다.

진시황릉이 발견된 이후 진행된 토양 조사의 결과는 놀라웠습니다. 1982년 중국사회과학원의 분석 결과, 진시황릉 봉토 부근 흙의 수은 함유량이 인근 지역에 비해 일곱 배나 높다는 사실이 밝혀졌습니다. 이 수치는 발굴 작업을 위해 흙을 파내면 파낼수록 상승했습니다. 수은은 실온에서 유일하게 액체 상태인 금속으로, 휘발성이 매우 높다는 특징을 지니고 있습니다. 그런데 만들어진 지 2천 년도 훨씬 더 지난 고대 무덤에서 이만큼이나 높은 수치가 측정되었던 것이죠. 정말로 무덤 안에 '수은의 강과 바다'가 흐르는 걸까요? 대부분의 학자들

수은에는 독성이 함유되어 있다.

은 회의적인 반응을 보였습니다. 1970년대 기술력으로는 정확한 분석과 완전한 사실 규명이 불가능했다는 점 또한 이유였죠.

하지만 2016년, 진시황릉을 조사하던 중국의 고고학 팀은 예상외의 연구 결과를 발표합니다. 황릉 바닥에 거대한 배수 시설이 존재할 확률이 높다는 것이었죠. 이들 고고학 팀은 진시황이 황릉에서 약 100킬로미터 떨어진 산시성 신양旬阳 지역에서 수은을 대거 운반해 왔을 거라는 의견을 덧붙였습니다.

진시황릉에 얽힌 고대 기록들

진시황릉 발굴은 중국이라는 하나의 나라에 국한되는 일이 아닙니다. 발굴만 된다면 전 세계가 바라는 고대사의 업적 하나가 드러나는 셈이죠. 앞서 이야기했듯이 중국 정부의 결정으로 현재까지도 발굴 작업은 진척되지 않고 있습니다. 몇몇은 중국 정부가 진시황릉을 발굴하지 않는 데 대해 다른 가설을 제시합니다. 한마디로 '진시황릉이 이미 도굴되었다'라고요. 한데 이를 증빙할 수 있는 고문헌 기록이 두 건이나 존재합니다.

함양을 점령한 항우가 30만 명을 동원해 진시황릉을 파헤친 뒤, 자신들이 발굴한 보물을 30일간 실어 날랐다.

ー『수경주水經注』위수 중

어느 목동이 잃어버린 양을 찾으려고 어떤 구덩이 속으로 들어갔다
가 진시황의 시신이 안장된 관을 발견하고 그것을 불태웠다.

-『한서漢書』유향전 중

그대로 해석하면 진시황릉이 도굴되었고, 심지어 관이 불태워졌다
는 뜻입니다. 언뜻 봐도 커다란 논쟁을 낳을 만한 주장이죠. 세간에서
는 진시황릉의 봉분 높이가 기록보다 낮은 이유도 세월의 침식이 아
니라 도굴로 인한 파괴로 지형이 내려앉았기 때문이라고 주장합니다.
진시황릉이 이미 도굴되었단 사실을 안 중국 정부 측이 진실을 감추기
위해 무덤을 다시 봉했다는 것이죠.

명령을 내려 후궁들을 같이 묻으니 죽은 사람이 매우 많았다. 매장
을 끝내자 누군가 "장인이 기계를 만들고 노예가 그 사실을 아는데
이들이 밖으로 나가면 사실이 누설될 것입니다"라고 했다. 묘의 통
로를 폐쇄하고 바깥문도 봉하니, 그들이 나오지 못했다.

-『사기』진시황 본기 중

『사기』에 따르면 진시황릉 건설에 투입된 노예의 수는 70만 명에 달
합니다. 후궁과 장인까지 합치면 그 수는 더욱 늘어나죠. 진시황 한 명
의 비밀을 위해 이들을 전부 무덤에 가두고 묻었다면 무덤을 열고 제
일 먼저 눈에 들어오는 광경은 대량 생매장의 흔적일 수 있는데요. 다

른 말로 순장이라고 하죠. 하지만 중국은 근거 없는 말이라며 딱 잘랐습니다.

황릉에 봉인된 비밀

진시황릉은 모든 황릉을 통틀어 가장 놀라운 유적이라 평가받습니다. 이집트의 투탕카멘Tutankhamun 무덤조차 진시황릉에 비할 바가 안 된다고요.

병마용갱은 현재 발굴한 네 개 갱도 중 세 곳에 8천 여 점의 병사와 130개의 전차, 그리고 520점의 말이 있다고 추정합니다. 여전히 발굴하지 않은 상당수는 흙에 묻혀 있습니다. 그리고 아직 제대로 시작하지 않은 진시황릉 발굴. 하나하나가 감탄을 내지를 정도이나 여러 개인 피라미드와 달리 진시황의 무덤은 단 하나입니다. 여기 더 깊숙한 비밀이 있을 거라는 건 추측에 불과할까요? 알면 알수록 진시황릉에 봉인된 비밀들이 무엇일지 더욱 궁금해집니다.

기묘한 밤 영상

8대 불가사의로 등극한
진시황릉에 얽힌 미스터리들

2   ————————————— 모아이

석상만이
알고 있는 진실

태평양의 작은 섬에서 무슨 일이?

1722년 4월 5일 부활절이었습니다. 네덜란드 제독이었던 야코프 로헤베인Jacob Roggeveen은 남태평양을 횡단하던 중 조그마한 섬 하나를 발견합니다. 그냥 지나칠 수도 있었던 이 섬이 야코프의 눈에 띄었던 데는 특별한 이유가 있었는데요. 섬 멀리서도 보일 만큼 거대한 석상들 때문이었죠. 섬에 내려서 본 석상들의 자태는 배에서 봤을 때보다 더욱 웅장했습니다.

전 세계적으로 유명한 모아이 석상.

석상들은 하늘을 보는 듯한 자세로 우뚝 서 있었는데요. 각각의 크기가 성인 남성보다도 훨씬 컸습니다. 석상들은 해안선을 따라 죽 이어져 있었으며, 그 개수는 800개가 넘었죠. 탐험에서 복귀한 야코프는 부활절에 이 섬을 발견한 데서 섬의 이름을 '이스터Easter'라고 지었습니다. 이스터 섬의 모아이Moái 석상 이야기입니다.

18세기에 네덜란드 제독이었던 야코프 로헤베인.

석상 때문에 시작된 비극

이스터 섬의 발견자 야코프 로헤베인은 이 섬의 석상들이 대체 어떻게 만들어진 것인지, 누가 만들었는지 알고자 다방면으로 노력했지만 끝내 비밀을 밝혀내지 못했습니다. 이스터 섬에는 석상의 재료가 되어 줄 거대한 바위로 만들어진 산도 없었고, 석상을 옮기는 데 쓸 만한 단단한 나무들도 전혀 보이지 않았기 때문이죠. 이후로 50여 년의 시간이 지나고서 영국의 탐험가 제임스 쿡James Cook은 이스터 섬에 들러 소문으로만 듣던 거대 석상 모아이를 실제로 보게 됩니다. 제임스는 단단한 돌을 정교하게 가공한 미지의 예술가의 기술력에 감탄을 금치 못했

이스터 섬은 화산섬이자 칠레 영토에서 가장 외딴섬이다.

죠. 석상들을 관찰하던 그는 몇 가지 석연치 않은 점들을 찾아냅니다. 모아이의 생김새가 인간과는 사뭇 달라 보였다는 점이었죠. 일단 석상의 귀는 얼굴 크기의 절반이 넘을 정도로 길었습니다. 또한 코도 굉장히 컸으며, 전체적으로 머리와 몸의 비례가 전혀 맞지 않았습니다.

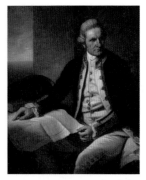

제임스 쿡은 대항해시대의 끝을 장식하는 인물이다.

　18세기의 유명 탐험가 제임스 쿡의 방문과 증언 이후로 폴리네시아 제도 끝, 존재감이 없던 이 조그마한 섬은 본격적인 유명세를 타는데요. 이러한 입소문은 5천 명 남짓이던 섬 원주민들에게는 악몽의 시작과도 같았습니다. 섬의 존재를 알게 된 미국과 페루의 노예상들은 무단으로 섬에 침입하여 원주민들을 납치해 자신들의 나라로 데려가 강제 노역을 시켰습니다. 여기 더해 외부인들을 통해 섬에 매독과 천연두 같은 각종 바이러스가 퍼짐으로써 수많은 원주민이 목숨을 잃기도 했고요. 섬이라는 지형적 특성상 원주민들은 외부와 단절된 생활을 했기 때문에 당시 유행했던 각종 바이러스에 대한 면역력이 전혀 없었습니다. 그렇게 이스터 문명은 유명해진 지 고작 150년 정도가 흐른 1870년에 종말을 맞이합니다. 이대로 이스터 섬은 모두의 기억에서 잊혔을까요?

언뜻 인간을 닮은 듯도 아닌 듯도 한 모아이의 얼굴.

고대의 외계인이 만들었다?

섬의 주인들이 사라졌지만 섬 밖에서는 이스터 섬에 대한 소문이 끊이지 않았습니다. 모아이와 관련된 풀리지 않는 미스터리들 때문이었죠. 섬에 있는 모아이 석상의 크기는 작은 것이 4미터, 큰 것은 20미터가 넘었습니다. 무게 또한 최대 90톤에 육박했고요. 가장 큰 수수께끼는 800여 개의 거대한 석상을 대체 어떻게 섬 곳곳으로 옮겼냐는 데 있었습니다.

1986년에 스위스의 작가이자 음모론자이기도 한 에리히 폰 다니켄 Erich Anton Paul von Däniken이 모아이의 비밀에 관한 발표를 합니다. 다니켄은 『신들의 전차』, 『신들의 귀환』 같은 저술을 통해 인류의 고대 문명이 외계 생명체의 영향을 받았다는 주장을 한 것으로 유명한데요. 모아이 석상에 대한 그의 주장은 이러했죠.

이스터 섬의 모아이는 고대에 지구에 방문한 지적 생명체에 의해 만들어졌다. 특정 이유로 인해 지구에 방문한 외계인이 자신들의 흔적을 남긴 것이다.

그는 자신의 가설을 뒷받침하기 위해 여러 근거를 함께 제시했습니다. 우선 이스터 섬의 석상들이 모두 하늘을 올려다보는 모습으로 조각되었다는 사실에 주목했는데요. 에리히 폰 다니켄의 주장에 따르면 외계인들은 석상의 시선을 통해 자신들이 하늘로부터 내려온 종족임을 암시했습니다. 이스터 섬 원주민 사이에서 내려오는 '마케마케Makemake' 전설 또한 근거라고 밝혔습니다. 마케마케는 '새bird 인간'이라는 뜻인데요. 그는 이것이 날아다니는 비행체를 의미한다고 했고, 이후 모아이 석상에 관련된 책까지 출판하며 자신의 가설에 힘을 실었죠. 어쨌거나 외계

에리히 폰 다니켄.

인이 모아이를 만들었다는 주장은 대중의 관심을 얻는 데 크게 성공했으며 전 세계적으로 이스터 섬과 모아이를 널리 알리는 데도 공헌했습니다.

마케마케는 이스터 섬의 라파누이 신화에 등장하는 인간을 창조한 신이다.

96

모아이의 진실을 찾아서

'에리히 폰 다니켄의 주장이 학계에서 받아들여졌다'와 같은 반전은 없었습니다. 그러나 적어도 모아이 석상의 진실에 관한 실질적인 조사가 잇따르게는 만들었죠. 이를 통해 석상의 재료가 된 돌들이 화산석 재질을 가져 보통의 돌보다 가공이 훨씬 간편했을 거라는 사실이 드러납니다. 또한 지금은 황무지처럼 보이는 이스터 섬에 한때는 야자수가 울창했음이 추가로 밝혀지면서 나무를 이용해 거석을 옮겼을 확률이 높다는 연구 결과가 발표되기도 했죠. 여기에 반박하는 학자들도 존재했습니다. 야자수 나무의 줄기는 겉은 딱딱한 반면에 속은 무른 편이라 최대 90톤에 달하는 거석을 옮기기에는 부적합하다는 것이 이유였죠.

그러던 중 기존의 주장을 뒤엎는 주장이 등장합니다.

모아이 석상은 걸어서 섬을 돌아다녔을 것이다.

캘리포니아 주립대학의 칼 리포Carl Lipo 교수는 모아이의 이동 방법을 이렇게 설명했습니다. 모아이 석상의 양옆과 뒤까지, 총 세 개의 밧줄을 건 다음 교대로 잡아당기며 그 반동을 이용해 석상을 원하는 위치까지 전진시켰다는 것이죠. 이른바 '걷는 모아이' 이론입니다. 리포 교수는 자신의 주장을 증명하기 위해 약 4.5톤에 달하는 콘크리트 모형을 직접 제작해 실험하기도 했습니다. 여기 투입된 인원은 모두 열여덟 명으로 그들이 구호에 맞추어 밧줄을 잡아당기자 놀랍게도 석상 모형은 뒤뚱거리는 모양새로 움직이기 시작했는데요. 실험 팀은 약 한 시간 동안 모형 석상을 100미터 정도 전진시키는 데 성공합니다. 이

모아이 밧줄 이동설을 실험하는 모습(위)과 과거 이스터 섬의 원주민들이 이 방법으로 모아이 석상을 옮기는 모습을 그린 그림(아래).

실험은 꽤 화제가 되었습니다. 그리고 주변으로부터 "충분히 가능할 법한 이동 방법"이라는 평을 듣습니다. 이렇게 오랫동안 사람들의 궁금증을 자아냈던 미스터리가 풀리나 했습니다.

그러나 같은 대학의 조 앤 틸버그Jo Anne Van Tilburg 교수는 "칼 리포 교수의 실험은 묘기일 뿐이다"라며 일축했습니다. 틸버그 교수는 리포 교수의 실험에 사용된 모형 석상이 실제 모아이 석상의 모습과 동일하지 않고, 그가 주장한 석상을 옮기는 방법은 들어가는 시간과 노동력에 비해 굉장히 비효율적이라고 했습니다. 더군다나 리포 교수의 가설대로라면 석상 하단부가 반동에 의해 움직이게끔 둥그스름한 모양이어야 하는데요. 실제 모아이의 하단부는 각진 모습을 한 것들도 많았죠. 무엇보다 소형 석상이야 이런저런 방법을 동원해 옮긴다고

모아이와 원주민이 공존했던 모습을 그린 그림.

99

해도 무게가 훨씬 많이 나가는 대형 석상을 옮길 때는 밧줄을 이용해 옮기는 방법이 전혀 통하지 않는다고 덧붙였습니다. 이스터 섬은 면적이 작은 섬이었으나 밧줄의 반동만으로 섬 전체를 누비며 석상을 옮겼을 거라는 주장은 다분히 비현실적이죠. 조앤 틸버그 교수를 비롯해 대부분은, 모아이는 이집트의 피라미드처럼 나무를 굴러 옮겨졌을 거라고 설명합니다. 또 그로 인한 무분별한 벌목과 환경 파괴로 부족이 멸망의 길을 걷게 된 것이라고요.

미스터리는 멸망하지 않는다

이스터 섬은 최대 부흥기에 3만여 명 정도의 원주민이 살았다고 추측됩니다. 하지만 1722년에 이 섬을 발견한 네덜란드 제독 야코프 로헤베인은 원주민 수가 채 5천 명도 되지 않았다고 보고했는데요. 결론

모아이 하반신 발굴 현장.

적으로 이스터 섬의 문명은 외부인들의 이기로 완전히 끝나지만, 그
전에 이미 모아이 건설에 대한 집착과 광기로 멸망의 길을 걷고 있었
다는 게 주류 이론입니다.

2013년에는 상반신만이 아니라 하반신까지 가진 모아이가 있다는
사실이 발굴을 통해 드러납니다. 이로써 나무든 밧줄이든 사람의 힘
만으로 석상을 옮기는 일은 불가능에 가까웠을 거라고 판단되었죠.
그들은 정말 비밀에 싸인 누군가로부터 도움을 받았던 걸까요? 모아
이들은 전부 바다를 등진 채 섬의 내륙을 향하게끔 조각되어 있습니
다. 마치 모두가 같은 방향을 바라보는 것처럼 말이죠. 인간의 손이건
신의 손이건 모아이가 온갖 수수께끼를 머금은 채로 침묵을 지키고 있
다는 점만은 분명합니다.

기묘한 밤 영상

이스터 섬 모아이 석상에 감춰져 있던
충격적인 비밀

3 _____ 마추픽추

겹겹의 전설에 싸인 도시

고대 잉카의 도시 마추픽추Machu Picchu. 마추픽추는 케추아어
Quechua語로 '오래된 봉우리'를 뜻합니다. 사진을 보면 저절로 고개가
끄덕여지죠. 잉카 역시 요새도시라고 하겠습니다. 절경을 자랑하나
언뜻 보기에는 평범한 유적지로 보일 수 있는데요. 마추픽추에는 무
궁무진한 미스터리와 비밀이 있어 오래전부터 고고학자와 역사, 미스
터리 마니아에게 커다란 관심을 받아 왔습니다. 그 결과 2007년에 전
세계인의 자유로운 투표로 결정되는 '새로운 세계의 7대 불가사의'로
선정되기도 했죠. (다른 여섯 개는 바로 다음에 다룰 멕시코의 치첸이트사,
브라질의 구세주 그리스도상, 이탈리아의 콜로세움, 중국의 만리장성, 요르

(시계방향으로)브라질 예수상, 콜로세움, 만리장성, 타지마할, 페트라.

단의 페트라, 그리고 인도의 타지마할입니다.)

　여러분은 마추픽추가 발견되기 전부터 페루의 고산지대 인근에 '놀라운 공중도시'에 관한 전설이 존재했다는 사실을 알고 있나요? 하지만 16세기 스페인의 잉카 제국 정복 당시에도 이곳은 정체가 드러나지 않았습니다. 사람들에게는 단순한 지역 민담 정도로 여겨졌죠. 그러던 어느 날, 모든 것이 뒤바뀝니다.

　미국 예일대 교수이자 탐험가였던 하이럼 빙엄Hiram Bingham은 칠레 산티아고에서 열린 학회에 참석하고 돌아오는 동안 잉카 제국 유적을 답사할 기회를 가집니다. 이를 계기로 그는 잉카 문명에 관심을 가

마추픽추는 페루 중남부 안데스산맥에 위치한다.

지게 되죠. 그리고 1911년 잉카 문명의 최후 요새로 알려진 빌카밤바 Vilcabamba를 찾고자 페루를 방문해 연구하던 중 어느 원주민 농부로부터 신비로운 전설을 하나 듣습니다. '산꼭대기에 있는 고대 도시'에 관한 이야기였죠. 해당 전설을 토대로 우르밤바 계곡을 조사하던 빙엄은 고산지대에 거주하던 토착민들을 인터뷰하는데요. 빙엄이 고대 도시에 관해 묻자 파블리토라는 어린 꼬마가 무언가를 알고 있다는 듯 빙엄을 산꼭대기로 안내했다고 합니다. 그렇게 도착한 산봉우리에는 눈으로 보고 있음에도 도무지 믿기 힘든 멋진 고대 유적지가 있었습니다. 대단한 발견이었죠.

이 도시의 매력과 마법은, 세계의 어떤 곳과도 비교할 수 없을 것이다. 이곳에는 눈이 덮인 산봉우리가 끝없는 높이에서 구름을 굽어보고, 다채로운 색깔의 절벽들이 깎아지를 듯이 솟아올라 도시를 비추고 있다. 나무와 꽃이 만발하고 정글의 아름다움이 깃들어 있다.

– 하이럼 빙엄

하이럼 빙엄.

이후 빙엄은 잉카 제국의 임시 수도였던 비트코스와 빌카밤바 발견에도 성공합니다. 이들이 오늘날 우리가 '잉카 문명'이라고 부르는 것입니다. 온전한 모습을 갖추고 있던 곳은 마추픽추만이었고요.

안데스산맥은 지구상에서 가장 길게 뻗어 있는 산맥이다.

산꼭대기에 만들어진 공중도시

마추픽추는 돌로 이루어진 잉카의 요새도시입니다. 해발 2천 미터 이상을 자랑하는 안데스산맥 정상에 위치해 매일 새벽이면 옅게 긴 안개와 함께 말로 형용할 수 없는 신비로운 아우라를 가득 풍기죠. 미스터리, 음모론, 역사의 수수께끼에 관심 없는 이들도 그 풍경을 바라보고 있노라면 이곳에는 인간이 파헤치지 못한 비밀이 있다는 강한 예감을 받을 겁니다.

빙엄의 발견으로 전 세계는 커다란 충격에 휩싸일 수밖에 없었는데요. 15세기경에 지어진 것으로 추정되는 도시에 사용된 기술력이 시대를 훨씬 웃돌 만큼 뛰어났기 때문이죠. 산 위부터 아래까지 이어진 체계적인 수로와 서늘한 산바람을 이용한 천연 냉장고, 자연석을 이용한 나침반과 해시계까지 갖춘 이상적인 도시의 모습이었습니다. 마추픽추는 도시 전체가 높은 수준의 기술력을 바탕으로 지어졌지만 그중 돌을 다루는 석조 기술은 신기에 가깝다는 평을 들을 정도였죠.

잉카인들은 평균 20톤의 바위들을 두부처럼 매끈하게 잘라 쌓아 올렸는데, 바위틈 사이는 면도칼 하나도 들어가지 않을 정도로 정교했습니다. 가장 거대한 돌은 높이가 9미터, 무게는 360톤에 달할 정도였음에도요. 전문가들은 잉카인들이 나무 밀대와 사람의 힘만으로 돌들을 산 위로 끌어 올렸으리라 추측했습니다. 마추픽추는 잉카인에 의해 지어졌고, 스페인의 잉카 제국 정복으로 멸망하면서 주인을 잃어버린 채 방치되었다는 게 학계의 정설입니다. 그리고 정설에 반하는 여러 미스터리 가득한 주장이 존재하고요. 이 가운데 오랫동안 잊힌 이 도시를 누가 가장 먼저 발견했냐 또한 오늘날까지 갑론을박이 계속되는 주제입니다. 또 이 도시의 진짜 주인이었을 잉카인들에 대한 궁금증도요.

앞서 설명했듯이 최초로 마추픽추를 발견해 다시금 이 도시를 세상 밖으로 알린 인물은 하이럼 빙엄으로 알려져 있습니다. 하지만 일부는 1911년 빙엄이 이 도시를 발견하기 전에 이미 마추픽추를 발견한 사람이 존재했다고 말하는데요. 빙엄이 마추픽추를 대중에 공표하고 얼마 지나지 않아 영국인 선교사였던 토마스 페인Thomas Payne과 독일 기술자였던 J. M. 폰 하세J. M. von Hasse가 자신들이 먼저 마추픽추를

돌로 쌓은 마추픽추의 건물들.

발견했다고 주장했습니다. 또 19세기에 제작된 과거의 도시들을 담은 지도에서 마추픽추로 추정되는 곳의 지명과 위치가 기록되어 있어 논란이 일기도 했습니다.

파이프라인 공사장 주임으로 일하다 은퇴하고는 민간 고고학자로 활동했던 미국인 파올로 그리어는 자신이 30여 년 동안 조사한 페루의 각종 지도와 문헌을 바탕으로 '아우쿠스토 R. 베른스'라는 독일인 사업가가 1860년대에 마추픽추를 최초로 발견한 인물이라고 주장했습니다. 그리어는 베른스가 1867년 마추픽추의 토지를 샀고, 이후 유적지 도굴을 위한 탄광 회사까지 설립했음을 증명하는 문서가 있다고 했는데요. 쿠스코에 있는 산 안토니오 아바드 대학에서 수십 년 동안 마추픽추를 연구한 다비드 우가르테 베가David Ugarte Vega 교수 또한

마추픽추 발견 당시 모습.

그리어의 주장에 동의했습니다.

> 하이럼 빙엄이 도착하기 이전에 외국의 탐험가들이 마추픽추를 다녀갔다는 의혹은 그 외에도 많다. 구체적인 증거가 없어 단언할 수 없을 뿐이다.
>
> – 다비드 우가르테 베가

마추픽추의 최초 발견과 기록에 대한 진위 논란은 여전히 진행 중입니다. 그래도 하이럼 빙엄이 깊이 잠들어 있던 마추픽추의 역사적 가치를 세상 밖으로 꺼내어 제대로 알린 최초의 사람이라는 점은 분명하죠.

쏟아지는 의혹과 가설

마추픽추가 긴 시간 사람들의 눈에서 멀어졌던 것은 지형적인 요인이 큰 몫을 합니다. 현재도 이곳을 방문하는 방법은 철도 하나일 정도이죠. 험한 산지를 걸어서 간다는 무모하지만 확실한 방법을 제외한다면요. 그런데 과거 잉카인들은 접근조차 힘든 이곳에 왜 공들여 도시를 건설했던 걸까요?

본격적인 마추픽추 연구에 앞서 학자들은 도시의 용도부터 파악하기 위해 노력했습니다. 그러나 온갖 가설만 난무할 뿐, 명확히 밝혀진

페루 쿠스코 근처 마라스에 있는 전통적인 잉카 소금밭.

것은 없었는데요. 잉카 황제의 개인 정원이었다는 설이나 태양신을 숭배하기 위한 거대한 신전이었다는 설 같은 제법 그럴싸한 주장도 있었지만 모든 것을 설명하기에는 의혹이 많았죠. 과거 잉카인들은 무슨 이유로 해발 2천437미터라는 높은 산꼭대기에 도시를 지었을까, 어떤 방법으로 돌들을 이동시킨 걸까, 또 공들여 만들어 놓고는 왜 버리고 떠난 걸까, 그리고 유적지에서 발견되는 유골 대부분이 여성과 어린아이인 것은 왜일까 등. 마추픽추에 대한 조사를 거듭할수록 의

페루 전통 방직복을 입은 원주민 여성.

문점들은 점점 더 늘어만 갔습니다.

그중 잉카인들이 마추픽추를 버린 이유와 관련해서는 특히 더 말이 많았습니다. 스페인 정복대와의 전쟁으로 싸울 수 있는 남성들은 산 아래로 내려가고 아이들과 여성들만 도시에 남았는데 이들이 돌아오지 못한 것이라는 설이 지배적이나 이 역시 가설입니다.

무슨 이유에서인지 잉카인들은 자신들이 애써 가꾼 도시를 버렸습니다(혹은 떠났습니다). 그리고 이후로 돌아오지 않았습니다. 험난한 지형 탓에 수백 년간 비밀스럽게 전해지던 소문을 그대로 간직하고는 고고한 자태를 감추는 데 성공했고요. 덕분에 고요한 폐허로 남을 수 있었습니다.

누가 만들었을까?

마추픽추의 진짜 미스터리는 따로 있습
니다. 누가 발견했을까가 아닌 '누가 만들
었을까'입니다. 15세기 잉카 제국 2대 황제
였던 투팍 잉카 유판키Túpac Inca Yupanqui에
의해 지어졌다는 게 그동안의 고고학계 통
설이었습니다. 그러나 이것을 뒤집을 주장
이 새로이 등장했습니다. 마추픽추는 15세
기 잉카인들이 아닌, 그보다 훨씬 이전에
만들어졌다는 것이죠.

2011년, 프랑스의 한 연구 팀은 마추픽
추 인근에서 고대인들이 사용했을 것으로
보이는 거대한 지하 동굴을 찾았습니다.
2016년에는 잉카 문명 이전의 것으로 확인
되는 벽화가 발견되기도 했고요. 이 벽화
는 색과 모양, 패턴 등이 잉카 제국 시대의
그것과는 판이했습니다.

여기 고무된 일부 학자들은 15세기의 잉
카인들이 전부터 존재하던 마추픽추를 보
수, 재건하여 사용했으며 태초에 마추픽추

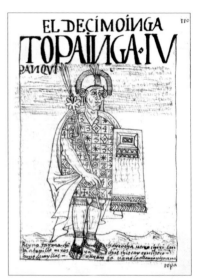

투팍 잉카 유판키.

를 건설한 이들은 훨씬 오랜 세월을 거슬러 올라가는 고대 문명인일 수도 있다는 가설을 제시했습니다. 실제로 마추픽추의 건축물들은 제작 추정 연도와 시기가 다소 중구난방입니다. 어떤 것들은 잉카 제국이 생기기도 전에 만들어졌을 정도로요. 안데스산맥에 떠도는 옛 전설에 따르면 마추픽추는 아득히 먼 과거에 지어졌으며, 새롭게 탄생하는 문명에 의해 재사용되고 또 버려지기를 반복했다고 합니다. 마추픽추를 품은 문명은 찬란한 황금기를 맞이할 수 있으나 종국에는 멸망하게 된다고도요.

잉카 제국의 5대 황제이자 13대 사파 잉카였던 아타우알파 동상. 잉카 제국의 실질적인 마지막 황제로 인생의 최고점에서 나락으로 떨어진 비운의 황제다.

어떤가요? 잉카 제국을 예로 들자면 정확하게 맞아떨어지는 내용입니다. 마추픽추는 역사에 기록된 시간보다 훨씬 더 긴 시간 존속했을 수도요. 20세기에 도시가 발견되었듯, 머지않은 미래에 그곳의 진짜 주인들도 발견될 수 있지 않을까요?

어쩌면 초고대 문명의…

15세기 잉카인들이 지었다고 해도 마추픽추는 시대를 초월한 뛰어난 기술력을 보여 줍니다. 여기에 새롭게 밝혀지고 있는 연구 결과와 긴 세월 전해 내려오는 전설들 모두 마추픽추가 잉카 제국 이전에 건설되었음을 암시하여 기대를 고조시키는데요. 마추픽추가 잉카 제국 이전에 건설되었고, 이전에도 수없이 많은 문명에 의해 여러 번 주인이 바뀌었다면 시작점은 언제였는지 알고 싶어집니다. 소문만 무성하던 초고대 문명의 최초 발상지는 아니었을지. 이로써 더 큰 미스터리의 문이 열리는 건 아닐까요?

기묘한 밤 영상

최근 마추픽추에서 발견된
충격적인 사실

4 _____ 치첸이트사

**해골 위에 세워진 문명,
마야**

시간의 백성들이 세운 도시

멕시코 남동부에 있는 유카탄Yucatan 반도에 위치한 '신新의 도시'
치첸이트사Chichén Itzá는 마야 문
명이 지닌 수많은 도시 중에서도
가장 거대한 규모를 자랑했습니
다. 또 마야 문명이 남긴 유적 중
보존이 가장 잘 되어 있는 도시이
기도 합니다. 이후에 등장한 문헌
들에 의하면 '잊힌 신의 도시'라고
불렸을 정도로 영광의 문명 그 자

멕시코만과 카리브해를 나누는 유카탄 반도.

체였는데요. 오늘날의 멕시코 중부에서 중앙아메리카에 이르는 지역에서 발달한 마야 문명은 기원전 2000년부터 기원후 17세기까지 4천여 년 동안 번영을 누렸습니다. 그리고 기원전 2000년부터 기원후 250년 정도까지의 선고전기에 마야 문화의 기틀이 잡혔을 만큼 우수했습니다.

마야족 또는 마야는 유카탄 반도 북부에 있는 마야 문명 유적인 마야판에서 이름을 따왔습니다. 일반적으로 마야족은 유카텍어, 촌탈어, 모판어, 키체어 등 광범위한 언어 그룹에 속하는 보다 구체적인 민족으로 자신들을 지칭합니다. 그래서 마야인들은 스스로를 시간의 백성이

아즈텍 문명의 조각품.

라고 지칭했고요. 전 세계 최초로 숫자 0의 개념을 사용했다고 알려져 있으며 수학과 천문학 등에서는 다른 지역과 비교해 수백 년 앞서는 지식을 가지고 있었죠. 그들의 뛰어난 문명은 마야를 대표하는 여러 건축물에 잘 드러나 있습니다.

우리가 남미 문명을 떠올릴 때 가장 먼저 생각나는 울창한 정글에 묻힌 유적지 이미지도 마야 문명의 것입니다. 신비로운 느낌은 잉카나 아즈텍 등도 공유하지만 이 둘은 각기 고원과 사막 지대에 위치한 만큼 마야 문명 고유의 것으로 보는 게 맞습니다. 겹겹의 나뭇가지와

짙은 녹음에 싸인 마야로 가 볼까요.

위대한 신전 엘 카스티요

치첸이트사의 심장부에 우뚝 서 있는
엘 카스티요El Castillo는 원래 깃털이 달린
뱀의 신 쿠쿨칸Kukulkan을 모시는 신전이
었습니다. 30미터 높이의 이 계단식 피라
미드(메소아메리카식 피라미드)는 멀리서
도 위용을 뽐내는데요. 9세기에 지어졌다
고는 믿기지 않을 정도로 정교하고 치밀
하게 설계되어 있습니다.

뱀의 신 쿠쿨칸 조각상.

계단은 사방 91개로, 동서남북의 수를 모두 합하면 총 364개입니다.
여기에 신전으로 들어가는 마지막 계단 하나를 더하면 정확히 365개
가 되는데요. 그 이유를 눈치챘나요? 1천 년 전에 살았던 마야인들이
한 해가 365일로 이루어져 있음을 인지하고 있었음을 뜻합니다. 현대
에는 어린아이도 알고 있을 만큼 기초적인 상식이지만 당시 기준으로
는 고도의 천체 지식과 수학 지식이 전제되어 있어야만 알 수 있는 개
념이었죠.

그리고 엘 카스티요는 매년 특정 시기에 관찰되는 기이한 현상으로
도 유명합니다. 이 시기에 해가 뜨면 북쪽 계단에서 꼭 뱀처럼 보이는

그림자가 미끄러지듯 지하로 내려가는 모습을 볼 수 있습니다. 당시 건축가들이 건물 배치와 해의 위치에 따른 그림자를 수학적으로 치밀하게 계산해 만든 결과였습니다. 마야인들에게 이미지(그림자)로 형상화된 뱀의 신 쿠쿨칸은 농사의 시작과 끝을 알리는 신의 메시지와 같은 역할을 했습니다.

재미있는 점은 정작 마야 문명이 제일 중요시하고 힘을 쏟았던 분야는 천체와 수학 지식이 전혀 필요하지 않은 영역이었다는 데 있습니다. 그건 '제물' 문화였는데요. 신을 공경하고 성난 신들을 달래기 위한 목적으로 살아 있는 사람을 제물로 바치는 인신공양人身供養을 지낸 것으로 유명합니다.

전사의 신전과 희생자의 제단

엘 카스티요에서 내려다보이는 전사의 터는 신전입니다. '1천 개의 기둥'이라고 불리는 신전 꼭대기에 가면 석상 하나를 발견할 수 있는데요. 비스듬한 자세로 반쯤 누워 있는 차크몰Chacmool입니다. 도대체 왜 이렇게 불편한 자세인가 의아하지 않나요? 이유가 있습니다. 지독한 가뭄이 시작되면 마야인들은 이곳을 찾았습니다. 그리고 차크몰 위, 정확히는 석상이 두 손으로 떠받치고 있는 접시 위에 그들이 제물로 바치는 심장을 올려놓았습니다. 짐승의 것이 아니라 사람의 심장입니다. 신전 기둥에는 공양 의식을 행하는 신관의 모습이 부조로 선

명하게 새겨져 있습니다. 먼저 살아 있는
사람(제물)의 배를 갈라 심장을 꺼내 신에
게 바치는 의식을 치렀습니다. 그러고 나서
신관은 갓 꺼낸 뜨거운 심장을 신에게 바
친 뒤, 머리 부분을 잘라 계단 아래로 굴렸
습니다. 신에게 용서를 비는 행위이자 신의
노여움을 풀어 줌으로써 풍요를 기원하는
의미를 담고 있었죠.

차크몰.

　여러 농경 사회에서 그랬듯 마야인들도 가뭄으로 땅이 바싹 마르는
것은 신의 분노 때문으로 여겼습니다. 당연히 제물을 바치는 의식은
엄중한 분위기에서 신성하게 집행되었을 겁니다. 일단 살아 있는 사
람이 제물이라는 것, 그리고 이 의식은 신이 노여움을 완전히 거둘 때

전사의 신전.

마야인들에게는 신성한 종교 의식이었던 펠로타.

까지 멈추지 않았습니다. 즉 비가 내릴 때까지 계속해서 이어졌을 가능성이 높죠.

이 의식과 떼려야 뗄 수 없는 것이 '펠로타Pelota'인데요. 전사의 신전 맞은편에는 마야인들이 공놀이를 즐긴 일종의 구기장을 볼 수 있습니다. 길이 168미터, 폭 70미터에 달하는 대형 공간입니다. 공놀이라고는 하지만 이들에게 펠로타는 신성한 종교 의식의 일부였습니다. 여기 참여한 마야인들은 팀을 나누어 벽에 달린 링 모양의 구멍에 공을 넣는 식으로 겨루었습니다. 겉으로는 현대의 구기 종목과 크게 다르지 않습니다. 그러나 학자들이 예상하기로, 펠로타는 보통의 스포츠 경기가 아닌 목숨이 오갈 정도로 치열한 혈투였을 거라고 합니다.

경기가 끝난 후 곧바로 이어지는 제물 의식 때문이었습니다. 경기

종료 직후에 살아 있는 사람의 가슴을 갈라 따끈한 심장을 제물로 바치는 인신공양이 뒤따랐는데요. 경기에 졌다고 하나뿐인 목숨을 내놓는 것은 너무한 처사라고 생각하나요? 그런데 전사의 터 꼭대기에 오르는 이들, 즉 제물로 바쳐지는 이들은 경기에서 패배한 팀이 아니었습니다. 마야인들에게 있어 신에게 목숨을 바칠 수 있다는 것은 인생의 최고 영예로운 일이었습니다. 따라서 펠로타에서 승리한 팀의 주장 역할을 맡은 사람은 스스로 제물대 위에 올랐습니다. 자신의 튼튼하고 건강한 심장을 신에게 드릴 수 있다는 데 감사한 마음으로요.

이뿐이 아닙니다. 이 위대한 업적을 달성하기 위해서 경기에 나서는 모든 전사는 혹독한 훈련을 마다하지 않았습니다. 또 경기에서도 승리를 쟁취하기 위해 온몸을 바쳐 싸웠고요. 목숨이 아깝다면 차라리 경기에 패해 목숨을 부지하는 쪽이 좋지 않을까 싶은 생각이 든다고요? 그럴 수 없는 게 여기서 패한 팀은 불명예스러운 사형을 당해야 했거든요.

펠로타가 가지는 의미와 희생자를 선택하는 방법에 대해서는 학자마다 의견이 조금씩 다릅니다. 하지만 승패가 갈린 이들 중 한 팀이 신에게 바쳐졌다는 것에는 큰 이견이 없는데요. 풍요를 기원하는 의식에 패자를 제물로 공양하는 건 마야인들이 신

마야 문명 조각상.

촘판틀리는 전쟁 포로 또는 기타 인신공양 희생자의 두개골을 전시하는 데 사용되었다.

들을 대했던 태도와 문화에 위반되었기에 승자의 심장을 바쳤다는 쪽이 주류 의견입니다.

해골 제단을 의미하는 촘판틀리Tzompantli는 제물로 바쳐진 이들을 기리는 장소였습니다. 벽에 새겨진 해골 문양은 신을 위해 희생한, 혹은 희생당한 제물을 뜻한다고 하는데요. 촘판틀리 제단에 올려진 이들의 목은 마야의 고위층부터 하위층까지 신분을 막론합니다. 신에게 제물로 바쳐진, 가장 영예로운 죽음을 맞이한 이들의 모습을 통해 이 과정을 바라봤을 살아 있는 사람들의 목적의식을 높이고 삶의 동기를 부여하는 데 쓰였으리라 추정합니다. 한 가지 목적만 있던 것은 아닙니다. 경쟁국과의 전쟁에서 패한 포로들의 목을 잘라 전시하기도 했고, 펠로타에서 진 패배자들의 머리를 올려놓기도 했습니다. 어쨌든 마야인들에게는 익숙했을 겁니다.

마야인들은 제물로 바쳐진 머리들을 장대로 꿰어 벽으로 만들기도 했습니다. 과거에는 스페인 정복자들이 지어낸 이야기라고 부정되기도 했으나, 2015년부터 발굴이 시작된 고고학 조사에서 여성과 아이가 포함된 수십 미터 길이의 해골 벽이 발견되며 사실이었음이 드러납니다. 이때 발견된 해골만 700여 구에 달했는데, 이것이 전부가 아니라 더 큰 충격을 주었죠. 촘판틀리는 지배층에 대한 공포심과 외경심을 주는 데는 성공했을지 몰라도 우리 눈으로 보면 이보다 괴기할 수 없습니다.

마야인들의 진짜 얼굴은?

현재도 마야 문명에 관한 연구는 활발하게 진행되고 있습니다. 마야의 세기를 뛰어넘은 우수한 지식, 우주까지 바라보았던 세계관은 후대의 과학 발전에 큰 영감을 주었죠. 그리고 전 세계 곳곳에 인신공양 문화가 있었다고는 하지만 마야의 그것은 여러모로 독특한 점이 있습니다. 마야인들의 잔악한 업적은 명확히 답을 내릴 수 없는 수많은 의문을 던집니다. 몇몇은 이렇게 묻기도 합니다. 마야인들이 인신 제사를 지내며 숭배했던 대상은 신이 맞았을까 하고요. 사람을 제물로 바쳐야만 했던 압도적이고 실질적인 존재가 따로 있었던 것은 아니었을까요?

기묘한 밤 영상

세계 7대 불가사의 치첸이트사에서
발견된 고대인들의 충격적인 비밀들

5 _____ 앙코르와트

정글에서 발견된
신들의 도시

귀신이 나온다는 전설의 도시

  1860년, 프랑스의 박물학자이자 탐험가
였던 앙리 무오Henri Mouhot는 고고학 연구
를 위해 캄보디아로 향합니다. 평소 앙리는
고대 문명에 관심이 지대했는데요. 전형적
인 열대기후에 속하는 캄보디아는 국토의
절반 이상이 울창한 밀림이라 탐험을 통해
유물을 발굴하기 최적의 환경을 가지고 있
었습니다.

  당시의 여러 탐험가가 그랬듯 앙리 또한

앙코르와트를 유럽에 알렸다고 하는
앙리 무오.

캄보디아 와트마이 사원에 있는 힌두교 최고신 비슈누 동상.

일단 현지 가이드를 고용하고, 지리를 잘 아는 그들과 동행해 정글 이곳저곳을 돌아다녔습니다. 그렇게 탐사를 진행하던 중 기이한 소문 하나를 듣습니다. 밀림 어딘가 존재한다는 도시에 관련된 이야기였죠. 요약하면 인근에 신들의 영혼이 잠들어 있는 장소가 있는데, 밤이 되면 깨어나 주변을 돌아다닌다는 것이었습니다. 이야기에 흥미가 생긴 무오는 소문을 수집하던 중 구전 소문치고는 이상하리만큼 내용이 세밀하다는 점을 눈치챕니다. 그리고 자신을 해당 장소로 데려다 달라고 요청하죠. 그러나 가이드는 귀신을 보게 될까 봐 두렵다며 청을 거절합니다.

이대로 탐험을 포기할 수 없었던 무오는 원래 주어진 예산까지 초과하며 여정을 강행했습니다. (무오가 살았던 19세기에는 식민지 개발과 더불어 탐사가 활발했고, 연구자들은 국가나 재단의 지원을 받아 활동했기 때문에 예산이 정해져 있었습니다.) 이를 통해 무오가 발견한 것은 처음 가졌던 기대, 그 이상이었습니다. 물론 무오 전에도 동양과의 교류가 많던 선교사 및 탐험가 등을 통해 앙코르와트Angkor Wat의 존재는 희미하게나마 서구 세계에 알려져 있었습니다. 그러나 확실하거나 공식적인 것은 아니었습니다. 대중의 관심도 전무했고요.

현실이 된 전설

앙리 무오의 탐험은 헛되지 않았습니다. 끝내 전설 속 도시를 찾아냈기 때문입니다. 물론 발견 과정은 쉽지 않았습니다. 도시 전체가 울창한 나무에 가려져 있었기 때문이었죠. 무오도 손으로 직접 만져 보고 나서야 이것이 나무가 아니라 돌로 만들어진 건축물임을 확신할 수 있었습니다.

고난 끝에 그의 눈 앞에 펼쳐진 광경은 실로 놀라웠습니다. 거대한 돌들로 이루어진 석조 건물이 즐비해 있는 이곳은 소문 그대로 '도시'에 버금가는 규모를 가지고 있었

앙리 무오의 『시암, 캄보디아, 라오스, 그리고 안남 여행』.

죠. 무오는 황급히 고국으로 돌아가 자신이 캄보디아의 정글에서 목격한 도시에 관한 기록을 책으로 남겼습니다. 『시암, 캄보디아, 라오스, 그리고 안남 여행』, 『시암, 캄보디아, 그리고 라오스 여행』 등입니다. 여기에는 그가 그린 스케치도 있었습니다.

솔로몬 왕의 신전처럼 장엄하고, 미켈란젤로의 조각상처럼 아름답다. 고대 그리스나 로마에 세워진 그 어떠한 신전보다도 웅장하며 감탄스럽다.

-『시암, 캄보디아, 그리고 라오스 여행』 중

앙리 무오의 스케치.

하지만 예상하지 못한 일이 발생합니다. 앙리 무오가 갑작스럽게 세상을 떠난 것이죠. 사인은 라오스 지역 정글 탐험 중 얻은 말라리아 때문이었는데요. 캄보디아 탐사를 마친 지 채 1년도 지나지 않았을 때였습니다. 그가 신들의 도시를 발견하고, 이 사실을 퍼뜨리는 바람에 저주를 받은 거라는 말이 돌기도 했습니다.

19세기의 유럽인들은 캄보디아에 고대 문명이 존재하리라고는 조금도 생각하지 않았습니다. 당시는 경쟁하듯 식민지 확보에 열을 올리던 시기였고, 다른 문명을 파괴한다는 데 죄책감을 가지지 않았습니다. 오히려 자신들의 우수한 문화를 알려 준다고 잘못 생각했죠. 때문에 무오가 발견했다는 도시도 그저 그런 옛이야기 혹은 그가 유명해지고 싶은 욕심에 한 거짓말이라고 여겼는데요. 정작 무오가 세상을

앙리 무오의 무덤.

떠난 다음, 잊혔던 옛 기록들이 속속 재조명되기 시작합니다. 1550년 포르투갈 상인이자 연대기 작가인 디에고 데 코우토Diego De Couto가 캄보디아의 숲속에서 거대한 사원을 발견했다는 기록과, 1586년 수도사였던 안토니오 막달레나가 캄보디아의 밀림에서 돌로 된 거대한 도시를 탐험했다는 기록이 대표적입니다. 여기에 몇몇 여행자와 탐험가가 이곳을 방문했다는 일지가 발견되었고요.

이러한 사실에 관심이 생긴 프랑스의 해군 장교 루이 드라포르트Louis-Marie Joseph Delaporte는 정부에 정식으로 탐사 지원을 요청하는데요. 앙리 무오의 저술이 큰 인기를 얻었던 터라 프랑스 정부는 적극 지원하기로 결정합니다. 이에 루이는 무오가 책에 쓴 내용을 토대로 캄보디아 밀림 지대를 샅샅이 뒤졌고, 이 과정에서 무오가 스케치했던 것과 동일한 기둥을 발견합니다. 이윽고 모습을 드러낸 이곳은 동서로 1.5킬로미터, 남북으로 1.3킬로미터에 달했습니다. 그리고 2천여 개나 되는 거대한 기둥들과 돌을 조각해 만든 300여 개의 방들이

앙코르와트 곳곳. 12세기 초에 건설한 왕실 사원인 앙코르와트는 크메르 미술을 대표한다.

앙코르와트가 배경으로 등장하는 영화《툼 레이더》.

공간을 가득 메웠죠. 12세기 초의 크메르 제국 왕 수리야바르만 2세 Suryavarman II에 의해 지어진 앙코르와트는 그렇게 세상 밖으로 드러 납니다.

불가사의한 건축력

오늘날 앙코르와트를 모르는 사람은 없습니다. 세계 최대의 종 교 건축물 중 하나이기도 하고, 유명 영화와 게임인《툼 레이더Tomb Raider》의 배경지이기도 했죠. 앙코르 Angkor는 산스크리트어로 사원의 도읍 을 지칭하는데요. 불교와 힌두교의 중 간 형태인 데바라자devaraja교 양식으로 지어진 앙코르와트는 신전과 왕궁을

캄보디아 국기.

겸했을 것으로 추측합니다. 앙코르르와트라는 이름은 16세기 이후부터 사용되었습니다. 이름 그대로 크메르 제국의 모든 종교 활동의 중심지 역할을 해 왔습니다. 오늘날에도 캄보디아의 상징으로, 국기에도 그려져 있죠.

　사원 정문은 서쪽을 향하는데, 힌두교에서는 해가 지는 서쪽에 사후 세계가 있다고 믿어서입니다. 앞서 그 규모가 동서로 1.5킬로미터, 남북으로 1.3킬로미터에 달한다고 했는데요. 이 거대한 사원은 대부

앙코르와트의 조각상들.

분 돌로 조각되어 있습니다. 그리고 건축물들은 어떠한 접착제나 보조 재료 없이 오로지 결합으로 쌓았는데 몇 세기가 넘도록 물 한 방울 새지 않을 정도로 견고함을 뽐냅니다. 19세기 서양의 학자들은 정교함에 감탄을 금치 못했습니다. 캄보디아를 후진국 취급하던 서양의 지식인들은 앙코르와트의 매끄러운 표면, 아름다운 양식, 기하학적인 문양에 큰 충격을 받았다고 합니다.

앙코르와트를 둘러싼 또 하나의 미스터리는 건설 기간입니다. 앙코르와트의 추정 건축 기간은 30여 년입니다. 크메르 제국의 왕 수리야바르만 2세가 1122년부터 1150년까지 28년에 걸쳐 세웠다고 알려져 있죠. 사시사철 무덥고 습한 날씨 속에서 사람과 동물의 힘으로만 이토록 크고 웅장한 건물들을 지었다는 건 자체로도 기적에 가까워 보입

크메르 제국의 수리야바르만 2세는 사방으로 이름을 알린 왕이었다.

니다. 여기에 '빠르다' 정도를 넘어선 건축 기간은 비슷한 시기에 지어진 종교 건축물인 독일 쾰른 대성당이 완공에 600년 (공사가 중단되었던 기간을 제외하면 350여 년)이 걸렸다는 것과 비교하면 얼마나 대단한지 알 수 있습니다. 서로 달랐을 작업 환경을 고려해도 격차가 비정상적으로 벌어지죠.

수리야바르만 2세는 태양의 보호자라는 이름 뜻처럼 대단한 군주였습니다. 원래 군주였던 다란인드라바르만 1세를 몰아내고 왕위를 찬탈하고는 수많은 정복활동에 나섰습니다. 욕심도 많고 성정도

고딕 양식으로 지어진 쾰른 대성당은 로마 가톨릭교회의 성당이다.

포악했던 그는, 당시에는 엄청난 무리를 하여 앙코르와트 건설에 하루 2만 명이 넘는 노동자를 투입했다고 하는데요. 인도 타지마할 등과 같은 짧은 기간 내 완공된 건축물들은 이처럼 과학이나 자원의 한계를 뛰어넘는 개인의 집념이 함께했습니다.

앙크로와트의 공룡

앙코르와트에는 일명 '돌의 예술'이라고 불리는 각종 부조가 매우

타 프롬 사원 전경.

많습니다. 일반인의 눈으로 보기에도 세밀하고 깔끔한 세공은 물론이고 표현력이나 배치 또한 뛰어난데요. 2009년, 한 관광객이 발견한 부조로 인해 큰 논란이 벌어졌습니다. 타 프롬Ta Prohm 사원은 앙코르와트에서 두 번째로 규모가 큰데, 동물이나 곤충 형태의 생물 부조가 많이 보입니다. 어느 날, 이곳을 방문한 한 관광객이 그중 이상한 외형을 가진 부조를 보고는 사진으로 찍어 인터넷에 올립니다.

이 부조는 쥐라기 시대에 번성했던 스테고사우루스Stegosaurus와 유사했습니다. 스테고사우루스의 가장 큰 특징인 척추 위 돌기들이 부조에도 그대로 재현되어 있고요. 캄보디아 문화재청은 누군가 사원의 돌조각을 임의로 가공했다고 의심하고는 전문가에게 감식을 의뢰했

습니다. 검사 결과, 이 부조는 후대 혹
은 현대에 만들어진 게 아니라는 결론
이 나왔습니다. 앙코르와트 건축 당
시의 크메르인이 직접 조각해 넣었다
는 이야기입니다.

스테고사우르스와 닮은 부조.

이에 학자들은 공룡이 아니라 '멧돼
지'를 표현한 것이며, 돌을 이고 있는
멧돼지 혹은 나뭇잎에 둘러싸인 모습을 나타낸다고 했습니다. 일각에
서는 진짜 공룡을 표현한 부조일 가능성을 내세웠는데요. 물론 800년
전 캄보디아에 스테고사우루스가 존재했을 리는 없습니다. 이럴 수는
있겠죠. 12세기 크메르인들이 공룡 화석을 보고는 이를 원전으로 삼
아 부조에 조각해 넣었다는 가설입니다. 미스터리한 사실은 캄보디아
에서 가장 가까운 스테고사우루스 화석 발굴지는 중국이라는 겁니다.
크메르인들은 스테고사우루스는 물론이고 공룡의 존재 자체를 몰랐
을 확률이 높죠. 그렇다면 크메르인들이 새긴
것은 무엇이었을까요?

100만 명을 수용했던 대도시

전성기 시절 이 지역에 거주하던 크
메르인들은 최대 100만 명에 달했으리

스테고사우루스는 주로 미국에서
살았던 초식 공룡이다.

라 추측합니다. 이 수치는 오늘날 울산광역시의 총인구수와 맞먹는 규모로, 현재의 기준으로도 대도시에 해당합니다. 런던 같은 오래전부터 거대 도시였던 지역도 총인구수가 20만 명을 돌파한 것은 17세기 일입니다. (불과 한 세기 뒤에는 58만 명까지 증가합니다.) 얼마나 큰 숫자인지 감이 오죠. 그런데 앙코르와트를 포함한 앙코르 유적 전체를 통틀어도 100만 명에 가까운 인원을 수용할 만한 장소는 없습니다. 단순히 인구 밀도가 높았다고 하기에는 해석 불가능한 부분이 너무나 많고요.

현대에 들어 놀라운 조사 결과가 하나 발표됩니다. 연구를 위해 앙코르 유적에 방문한 호주의 고고학자 대미언 에번스Damian Evans 박사는 최첨단 기술을 이용한 색다른 탐사를 시도했습니다. 그는 헬리콥터에 레이저 탐사 장비를 부착해 지상으로 광선을 쏘아 3차원으로 재스캔하는 라이다Lidar 스캔 기법을 활용했는데요. 그 결과 캄보디아의 수도 프놈펜에 버금가는 고대 도시 마헨드라 파르바타Mahaendra Parbata가 앙코르와트 인근에 존재했음이 드러납니다. 거대한 궁전 터와 물이 흐르는 운하의 흔적 등이 확인되었습니다. 고무된 학자들은 앙코르 유적의 총인구수 미스터리를 해석할 수 있게 되었다고

앙코르와트 인근에 세워진 도시 마헨드라 파르바타의 위치.

기뻐했습니다.

마헨드라 파르바타는 아주 웅장한 규모의 고대 도시다. 이곳에는 앙코르와트에 버금가는, 어쩌면 그 이상의 비밀이 잠들어 있을 수 있다.

– 대미언 에번스

마헨드라 파르바타 발굴은 진행 중에 있습니다. 앙코르와트는 너무나 유명하고, 많은 것이 밝혀졌지만 이곳의 진짜 신비로움은 이제부터일 수도 있겠습니다.

기묘한 밤 영상

최근 발견된 앙코르와트의
거대한 고대 도시

많은 이들이 인류의 긴 역사와, 바로 지금까지 이 모두를 쌓아 온 여러 존재에 호기심을 가질 겁니다. 미스터리는 개인의 힘, 혹은 과학이나 지식으로는 도저히 충족시킬 수 없는 갈망의 심연에 존재합니다.

고대 이집트의 마지막 파라오는 클레오파트라 7세입니다. 현재로부터 2천 년도 더 전에 태어난 그녀에게도 '쿠푸 왕 대피라미드'는 머나먼 선조가 지은 고대의 유산이었습니다. 쿠푸 왕 대피라미드는 지금으로부터 4천500년도 더 전에 만들어졌기 때

세계 곳곳의 불가사의와
함께 보면 좋을 기묘한 밤 콘텐츠

 1 진시황이 실제 외계인과 만났다는 기이한
고대 기록

 2 전 세계 곳곳에서 발견되는 초고대 문명의
흔적 '레이 라인'

 3 잉카인들이 바위를 찰흙처럼 부드럽게
만들 수 있었던 비밀

 4 마야의 피라미드 밑에서 발견된
고대 지하도시 입구

 5 사막 한복판에서 발견된 전설 속 암벽도시
페트라

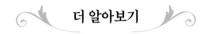

더 알아보기

✦ 마케마케Makemake 전설

마케마케는 이스터 섬의 라파누이(원주민어로 '커다란 땅'이라는 뜻) 신화에 등장하는 신으로 반은 사람이고 반은 새다. 머리가 새, 몸은 인간의 형상이다. 이 신은 오래전부터 존재했으나 이스터 섬의 자연환경이 파괴되자 원주민들이 자유롭게 하늘을 나는 새를 동경하면서 더욱 인기가 높아졌다.

✦ 빌카밤바Vilcabamba

케추아어로 '신성한 평원'이라는 뜻을 가진, 페루 쿠스코 인근에 있는 잉카 제국 유적. 1539년부터 1572년까지 스페인으로부터 도망친 잉카 제국 황족들이 세운 망명 국가 신잉카국의 수도였다. 현재는 침식으로 인해 대부분의 건축물이 심하게 훼손되었다.

✦ 케추아어Quechua語

페루, 에콰도르, 볼리비아, 아르헨티나, 콜롬비아에서 사용하는 남아메리카 인디언 최대 언어. 잉카 제국 덕분에 알려졌다.

✦ 타 프롬Ta Prohm 사원

앙코르톰 동쪽에 위치한, 자야바르만 7세가 앙코르톰을 만들기 전에 어머니의 극락왕생을 빌기 위해 12세기에 건립한 불교 사원이다.

2
낫 디어

 미국 곳곳에서 목격담이
급증하고 있는 의문의 생명체
'Not deer'(사슴 아님)

S의 픽

영상 편집을 담당하다 보니 영상의 질을 올림으로써 보는 사람의 눈을 더욱 즐겁게 만들고자 하는 마음이 크다. 기묘한 밤은 다양한 연출을 자유롭게 시도해 볼 수 있는 채널이라 늘 즐겁게 일한다. 채널 특성상 기괴한 연출을 자주 사용하게 되는데 그중에서도 '낫 디어'는 단연코 최고라고 할 수 있다. 처음 작가의 원고를 받고 얼마나 흥미진진하게 읽었는지! 이 부분에서는 이렇게, 이 타이밍에는 이런 식으로… 하면서 머릿속으로 구성할 때부터 신이 났다. 괴담 마니아인 나도 '사슴'을 소재로 한 것은 처음이었지만, 그만큼 새로운 이야기라서 좋았다. 나와 잘 맞는 이야기였던 것 같다. 도시 전설(크리피파스타creepypasta)을 좋아한다면 분명 마음에 들 것이다.

괴베클리 테페 - 1만 2천 년 전에 지어진 도시

푼트 - 이집트 신화 속 신들의 도시

시우디드 블랑가 - 울창한 정글 속 백색의 도시

헤라클레이온 - 태조의 바다 밑에 잠든 도시

제르주라 - 사하라 사막에 묻히고 만 도시

기묘한 밤이 뽑은 미스터리 Best 5

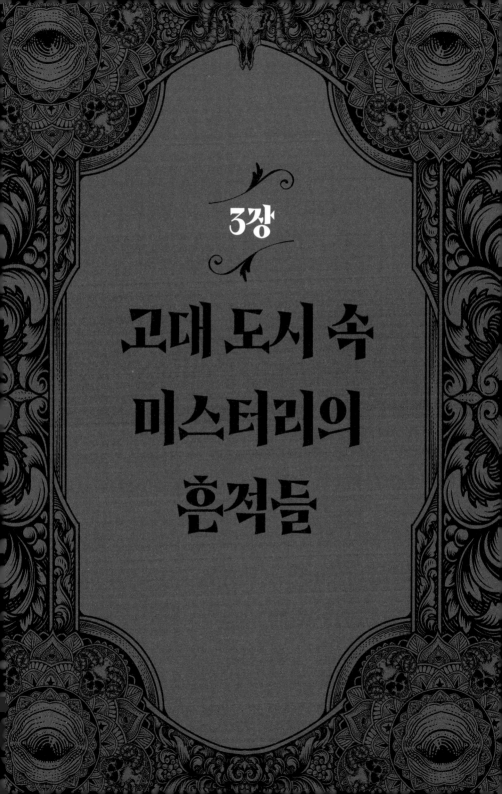

3장

고대 도시 속
미스터리의
흔적들

시작부터가 미스터리로 가득한 인류의 역사. 그 중심에는 아직도 완전히 해명되지 않은 수많은 고대 유적지가 있습니다. 잊힌 문명이 남긴 역사의 이면. 오래 옹송그리고 있던 도시들이 홀연히 시간의 먼지를 헤치고 우리 앞에 모습을 드러낼 때가 있죠. 비록 실체가 명확히 밝혀지지 못한다고 하더라도, 아니 오히려 그것이 우리 깊숙한 곳에 있던 호기심을 이끌기도 합니다. 무엇보다 이같은 발견은 인류에게 늘 새로운 탐구를 가져다 줍니다.

지금부터 들여다볼 고대 도시들이 그렇습니다. 오늘날로부터 1만 년도 더 전에 지어진 괴베클리 테페부터 그리스 신화 최고의 영웅 헤라클레스의 이름을 따 건설되었다는 이집트 전설 속의 고대 도시 헤라클레이온 등. 이름만으로도 가슴을 뛰게 만들기 충분합니다. 고대 도시들이 간직한 비밀을 하나둘 풀어내며 역사의 알려지지 않은 페이지를 들추는 것은 시간과 공간을 뛰어넘어 우리가 발 딛고 있는 현실 세계에 대한 새로운 통찰을 전합니다.

고대 유적지에 얽힌 이야기는 과거 회상이 아닙니다. 우리가 누구인지, 어디에서 왔는지를 이해하는 데 귀중한 열쇠를 제공하죠. 과거와 현재가 만나는 지점에서 우리는 한 단계 더 나아갈 수 있습니다. 미래를 향해서요.

1 _____ 괴베클리 테페

최초의 사원

튀르키예 남동부에 있는 도시 샨르우르파Şanlıurfa. 이곳의 옛 이름은 '에데사Edessa'로, 쿠르드족이 많이 살고 있습니다. 동서를 잇는 육상교통의 요충지라 남쪽 고개에는 고대부터 소아시아와 메소포타미아를 연결하는 도로가 나 있었습니다. 기원전 4세기경부터 이어져 오는 도시인 만큼 유적도 풍성했죠. 과거의 유산을 찾는 여정도 계속되어 왔고요. 1963년 어느 날, 시카고 대학과 이스탄불 대학의 고고학 팀이 함께 발굴에 나섰는데요. 해발 760미터의 산 정상에서 유적으로 추정되는 돌 일부를 발굴하는 데 성공합니다. 하지만 발굴 팀에 참여했던 미국의 고고학자 피터 베네딕트Peter Benedict는 더 이상의 작업을

샨르우르파는 밀과 보리 등 농산물 집산지이기도 하다.

진행하지 않았습니다.

　자신들이 찾은 것은 중세 때 만들어진 묘비 따위일 거라고 여겼기 때문이죠. 그로부터 30여 년이 지나 1994년이 됩니다. 우연한 기회에 시카고 대학의 보고서를 접한 독일의 고고학자 클라우스 슈미트Klaus Schmidt는 피터 베네딕트 팀의 발견에 흥미를 느낍니다. 묘비가 흔하다고 해도 산 정상에 있는 건 이상한 일이었고, 무엇보다 발굴을 완료하지 않아 그것이 묘비인지 아니면 다른 역사적 유물인지 분명하게 판명

클라우스 슈미트.

나지 않았기 때문인데요. 새로운 발굴 팀을 이끌고 샨르우르파로 향한 슈미트는 도착하자마자 직감했습니다.

이 밑에는 분명 무엇인가가 있다.

그렇게 슈미트 박사를 주축으로 발굴 작업이 재개되었습니다. 얼마 후, 인류 최초의 사원이라 불리는 괴베클리 테페Göbekli Tepe가 모습을

클라우스 슈미트 팀이 진행한 발굴 현장.

드러냅니다. 2018년 유네스코 세계문화유산으로 지정된 튀르키예의 보물입니다.

역사 체계를 뒤집는 발견

클라우스 슈미트의 발견으로 학계는 발칵 뒤집혔습니다. 동위원소 연대 측정법 및 탄산염 조사 결과 만들어진 시기가 기원전 10000년, 즉 기원전 100세기 정도로 추정되었기 때문인데요. 사실이라면 우리의 역사 체계를 통째로 뒤집어야 합니다. 괴베클리 테페 이전까지 지구에서 가장 오래된 건축물이라고 알려진 것은 스톤헨지Stonehenge였

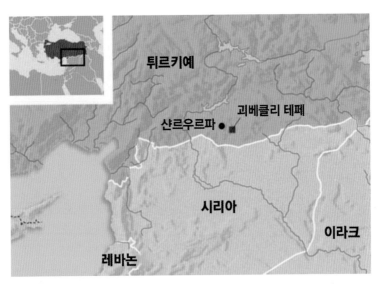

괴베클리 테페 위치.

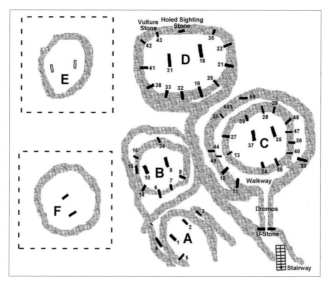

괴베클리 테페 구조도.

습니다. 영국 남부, 솔즈베리 평야에 있는 이 거석은 기원전 3000년
쯤 세워졌다고 추정합니다. (스톤헨지의 구축물들은 각각 건조 시기에 차
이가 있습니다.) 또 세계에서 가장 오래된 문명으로 여전히 수수께끼
에 싸인 수메르Sumer 문명도 그 시기를 기원전 5000년경으로 추정합
니다.

영국에 있는 고대의 거석 스톤헨지.

구석기 시대에 제작된 라스코 동굴 벽화.

괴베클리 테페는 역사적 '최초'들을 수천 년 이상 앞지른 발견이었습니다. 이곳이 지어진 시기는 인류가 청동이나 철로 만든 기구를 사용하기 전, 그러니까 농경 사회로 진입하기도 전이었던 신석기 시대였죠.

기원전 10000년경 인류는 아직 한곳에 정착하는 삶을 살지 않았습니다. 수렵과 채집을 통해 삶을 영위하던 조상들은 먹을 것을 따라 이동을 반복했다는 게 우리가 알고 있는 상식입니다. 토기를 사용하기도 전의 초기 인류가 집단생활을 하며 사원까지 건축했다는 것은 명백한 증거를 마주하고서도 믿기 힘든 사실이었는데요. 괴베클리 테페 유적의 연구에 참여했던 한 전문가는 "이것은 3살짜리 아이가 장난감 벽돌로 엠파이어 스테이트 빌딩을 지은 것과 같다"고 했습니다. 의심과 경탄, 찬사를 모두 담은 말이었죠.

　건물들은 거의 석회암 기반이었지만 진흙을 벽돌 모양처럼 만들어 쌓아 올린 집들도 있었습니다. 바위를 들여오던 채석장, 조각하던 작업장, 수월하게 오르내리기 위한 계단도 있었는데요. 이것만으로도 대단하나 수많은 기념물은 뛰어난 완성도로 더욱 눈을 사로잡았습니다. 모두가 고대인들이 공동생활 이상의 긴밀한 연대를 이루었음을 의미했습니다.

　괴베클리 테페 내부에는 총 16개의 신전이 있었습니다. 기둥의 수를 모두 합하니 200개에 달했는데요. 돌 하나당 무게는 최대 50톤이었으며, 신전 하나를 건설하는 데는 최소 500명 이상이 동원되었을 거라고 예상됩니다. 신전 기둥에는 동물, 곤충, 파충류 등의 여러 생물이 세밀하게 가공된 벽화가 수백 개 이상 조각되었죠. 연구진은 이 조각들이 단순한 장식 목적이 아니라 토템 같은 상징 요소 혹은 종교적인 의미를 담았을 거라고 추측했습니다. 벽화의 완성도와 세심함은 현대인의 눈을 의심케 할 만큼 뛰어났고요. 몇몇 돌기둥에는 고대인들이 숭배했던 신으로 추정되는 그림도 보였습니

고대인이 숭배했던 얼굴이 없는 조각.

다. 여기에는 독특한 특징이 있었는데요. 왜인지 해당 신은 얼굴이 없었습니다. 어쩌면 신이 아니라 그들을 인도하고 지휘한 대장 격의 인물일 수도 있다고 추측했죠.

우주의 별자리를 본떠 새겼다고 추정되는 모양도 있었습니다. 현재의 시리우스는 밤하늘에서 가장 밝은 별로, 북반구 대부분의 지역에서 쉽게 관찰할 수 있습니다. 그러나 기원전 10000년에는 시리우스가 지평선 아래 위치했기 때문에 인간이 관측할 수 없는 별이었습니다. 그러다 기원전 10000년을 기점으로 서서히 이 별이 포착되었고, 오늘날의 튀르키예 지역에서 최초로 관측되었을 것으로 여겨지죠. 이는 괴베클리 테페의 건설 시기와 딱 맞아떨어집니다. 이를 토대로 학자들은

괴베클리 테페 상상도.

이제 막 인간의 눈에 띄기 시작한 시리우스가 당시 이곳에 살던 사람들을 뭉치게 하고, 뿔뿔이 흩어져 살던 인류가 '집단'으로 엮여 정착하는 삶을 사는 데 기여했을 가능성이 있다고 전했습니다.

역사가 바뀌다

괴베클리 테페가 인류의 집단생활 결과로 탄생한 유적이라는 점에는 의심할 부분이 없습니다. 일단 돌들부터가 (어느 정도 기구의 도움을 받았다고 하더라도) 혼자 힘으로는 도저히 옮길 수 없는 무게입니다. 게다가 여러 명이 모여 제사를 지낸 흔적, 요리해 먹은 흔적 등이 발견되었고요. 다시 말하지만 괴베클리 테페는 신석기 시대에 건설되었습니다. 수백 명의 신석기인이 모여 살며 마을을 건설하고, 종교를 믿고 제사를 지내며, 농사짓고 요리도 했다는 주장은 기존의 역사학자들에게 허무맹랑한 이야기처럼 느껴졌습니다. 두 눈으로 보고도 믿기 힘들 정도였죠.

문명이 탄생하기 위해서는 몇 가지 기본 조건이 필요합니다. 먼저 농경 생활입니다. 정착지가 있어야 한다는 의미인데요. 사람들이 한곳에 모여 살면 자연히 규칙과 종교가 생성되고, 이것이 도시로 발전해 나갑니다. 이 주기는 짧게는 수백 년에서 길게는 수천 년에 달하는데요. 괴베클리 테페라는 유적지 안에는 그 모든 과정이 빠짐없이 담겨 있는 셈입니다. 그래서 몇몇은 괴베클리 테페를 건축물이나 유적

스코틀랜드 오크니 제도에 있는 신석기 시대의 유적.

지가 아닌 작은 '국가'로 봐야 한다고 했습니다.

> 괴베클리 테페는 인류의 모든 역사를 뒤바꿀 것이다.
>
> - 스탠포드 대학 고고학과 교수 이안 호더Ian Richard Hodder

인류 리셋설의 증거일까?

괴베클리 테페에 관한 연구는 현재까지도 계속되고 있습니다. 발견으로부터 30여 년의 시간이 지났지만 아쉽게도 여기에 대한 의문점 대부분이 명쾌하게 해결되지 못한 상태입니다. 사원을 짓는 데 얼마나 오랜 시간이 걸렸으며, 모두 몇 명이 동원되었는지, 그들이 이곳에 모인 계기는 무엇인지 등. 시간이 지날수록 의문만 늘어날 뿐, 어느 것 하나 명확하게 풀리지 않았습니다.

괴베클리 테페는 전체의 1/10 정도만이 발굴된 상태입니다. 다 발굴하기까지는 70년 정도가 더 걸릴 것으로 예측된다고 하는데요. 미발굴된 부분을 포함하여 괴베클리 테페의 총 예상 면적은 축구장 12개를 합친 것에 버금간다고 합니다. 드러나지 않은 9/10에는 얼마나 더 놀라운 비밀이 숨어 있을까요?

혹자는 이것이 '인류 리셋설'의 증거라고도 말합니다. 역사 이전의 먼 고대에 발달했던 문명이 전쟁, 전염병, 재해 등으로 종말을 맞이하고, 모종의 이유로 자연 상태로 회귀함으로써 인류가 다시 '무無'로 돌아가 다시금 문명을 건설했다는 주장인데요. 음모론으로 치부받던 인류 리셋설이 괴베클리 테페의 발견으로 다시 한번 수면 위로 떠오릅니다.

인류 리셋설이 단순한 주장일지 혹은 숨겨진 역사일지는 현재 우리로서는 알 수 없습니다. 그러나 먼 옛날 인류가 감추어 놓은 비밀의 열쇠가 괴베클리 테페에 묻혀 있을 수도 있다는 추측은 충분히 설득력 있어 보입니다.

괴베클리 테페에서 발견된 여러 유물.

갱신되는 역사

괴베클리 테페를 발굴하던 고고학자들은 이상한 점을 하나 더 찾았습니다. 다른 유적지들처럼 자연재해 혹은 퇴적 작용에 의해 흙으로 덮인 게 아니라 누군가 의도적으로 흙을 덮어 두었다는 사실이 밝혀진 것입니다. 이곳이 눈에 띄는 파괴 없이 온전하게 보존되었다는 점을 근거로 학자들은 당시 누군가 괴베클리 테페를 숨기거나 지키기 위하여 흙으로 덮었다고 추측했죠. 그렇다면 새로운 궁금증이 생깁니다. 누가 이 거대한 신전을 감추고 싶어 했을까요? 그는 무슨 이유로 이곳을 흙 속에 묻어 버린 걸까요?

발견은 여기서 끝나지 않았습니다. 2019년부터 본격적인 발굴이 시작된 튀르키예 오지에 위치한 유적지 카라한 테페Karahan Tepe에서 괴

카라한 테페 유적지.

베클리 테페의 제작 연대를 앞서는 고대 문명의 흔적을 찾았는데요. 괴베클리 테페와는 고작 35킬로미터 떨어져 있습니다. 카라한 테페는 괴베클리 테페보다 1천 년을 앞서는, 지금으로부터 약 1만 3천 년 전의 것으로 추정되는 유적과 유물이 잠들어 있었습니다.

코로나 19 팬데믹으로 한동안 발굴 작업이 중단되어 전체 6만 제곱미터에 달하는 규모 중 고작 1퍼센트만이 발굴되었음에도 놀라운 사실들이 연이어 드러나고 있는데요. 완전히 발굴되는 날, 또 어떤 사실들이 나올지 두려울 정도입니다. 하나 더, 튀르키예에는 이 같은 고문명 유적지들이 괴베클리 테페와 카라한 테페를 제외하고도 10곳이 더 존재합니다.

비슷한 시기 건설된 이 유적지들을 하나의 커다란 집합체로 보아야 한다는 의견도 대두되고 있습니다. 현재까지도 연이은 발굴과 발견이 이어지면서 인류 역사의 '0권'은 다시금 쓰이는 중입니다.

기묘한 밤 영상

인류의 역사를 뒤흔든 1만 1천 년 전
초고대 문명의 흔적

2 　　　　　　　　　　　　　　　 푼트

이집트 신화 속
신들의 도시

난파당한 선원 이야기

가장 오래되고 신비로운 문명 중 하나로 꼽히는 이집트. 워낙에 화
려했던 고대 문명의 영향 때문인지 지금도 이집트에 관해서는 여러 가

이집트는 인류 문명 발상지 가운데 하나로 고대에는 농경 문명이 번영했고, 기원전 3000년
경에 이미 통일 국가를 형성했다.

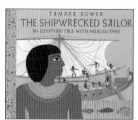

다양한 판본의 『난파당한 선원 이야기』.

지 환상과 주술적 힘이 느껴집니다. 고대 이집트인들은 일찍부터 문자와 기록을 통해 자신들의 삶, 신념, 지식을 후세에 전달했습니다. 덕분에 신화, 철학, 명언, 에세이, 시 등 다양한 장르의 풍부한 문헌 자료가 남을 수 있었고요. 고대 이집트인들이 남긴 흔적은 중요한 연구 자료가 되었는데요. 『난파당한 선원 이야기The Tale of the Shipwrecked Sailor』를 빠뜨릴 수 없습니다.

이야기는 람세스의 명을 받아 원정에 나섰던 총독이 여정에 실패한 후 집으로 돌아오는 데서 시작됩니다. 파라오로부터 원정 실패에 대한 벌을 받게 될까 걱정하는 총독에게 한 신하가 자신의 과거 이야기를 들려주는데요.

저는 오래전 150인의 애굽 원정대에 선원으로 출항했습니다. 하지만 항해 중 폭풍을 만나 조난당하고 말았죠. 정신을 차려 보니 어떤 섬에 홀로 떠내려와 있었습니다. 그 섬엔 바위만 한 무화과와 포도가 열리고, 사람보다 큰 물고기와 새가 가득했습니다. 살아 있음에 감사하며 신들께 제사를 올리는데 갑자기 천둥소리가 나며 땅이 흔들렸습니다. 그리고 30규빗cubit(약 13미터)이 넘는 거대한 뱀이 나타났습니다. 뱀의 눈은 청금석처럼 시리게 빛났고 몸 전체는 금빛 비늘로 뒤덮여 있었지요.

– 『난파당한 선원 이야기』 중

거대한 뱀은 신하에게 어떻게 섬까지 오게 되었냐고 묻습니다. 두려움에 휩싸인 신하는 쉬이 대답하지 못했는데요. 그러자 뱀은 자애로운 목소리로 그를 타이르죠.

작은 자여. 두려워하지 마라. 나는 이 땅, 푼트의 주인이니라. 이 땅엔 없는 것이 없고 온갖 좋은 것이 가득하도다. 너는 여기서 부족함 없이 지내라. 넉 달이 지나면 배가 올 것이요, 그 안에 너를 아는 자가 타고 있으리라. 너는 배를 타고 두 달 안에 고향으로 돌아가 그곳에 묻히리라.

– 『난파당한 선원 이야기』 중

뱀의 예언은 적중했습니다. 네 달 뒤에 섬에 구조선이 도착합니다. 신하는 머리를 조아리며 거대한 뱀에게 말합니다. "고향으로 돌아가면 람세스께 거대한 뱀의 권능과 풍요롭고 아름다운 나라에 대해 고하겠습니다." 이에 뱀은 "작은 인간의 나라에 푼트Punt의 이름을 좋게 알리라"고 명하며 신하에게 향신료, 유향, 상아, 그레이하운드, 개코원숭이 등 섬에서 나는 동식물과 온갖 종류의 보물을 선물로 내립니다. 이후 이집트로 돌아온 신하는 람세스에게 그간의 일을 고했고, 파라오는 원정대의 유일한 생존자이자 미지의 섬을 발견한 공을 칭찬하며 그를 제국의 관료로 임명합니다.

픽션 혹은 논픽션

『난파당한 선원 이야기』는 익숙한 느낌이 듭니다. 신드바드의 모험과도 많이 닮았고, 이집트판 『걸리버 여행기』 같기도 한데요. 이 이야기는 이집트 중왕국 시대인 기원전 1900년경부터 널리 읽혀 온 일종의 전래동화라고 할 수 있습니다. 러시아의 이집트 연구가였던 블라디미르 골레니셰프 Vladimir Golenishchev가 1881년에 해당

신드바드는 『아라비안 나이트』에 나오는 바그다드의 상인이다.

내용이 상형문자로 기록된 파피루스를 발견하면서 알려졌고요.

블라디미르 골레니셰프.

당시 고고학자들 사이에서 이 기록의 성격을 무엇으로 구분할지를 놓고 논쟁이 일어났다는 점은 흥미롭습니다. 다수는 전래동화이니 '픽션'으로 두어야 한다고 했지만, 몇몇은 탐험 일지나 전기 같은 '논픽션'으로 볼 것을 주장했는데요. 『난파당한 선원 이야기』에 등장하는 푼트가 가상의 섬이 아닌, 실존했던 고대 도시였음을 시사하는 역사적 증거가 계속하여 발견되었기 때문입니다.

이집트 구舊왕국의 여러 텍스트에서 푼트는 '신들의 땅' 혹은 '황금의 나라'로 언급된다. 이집트인들은 푼트를 인류의 기원지로 믿었으며 신들이 사는 나라 '타 네티제르Ta Netjer'와 동일시했다. 전설에나 나올 법한 신들의 나라와 수 세기 동안 교역했다는 기록도 있다. 고대 이집트인들은 신들과 무역을 했던 것일까?

세계적인 명성을 갖고 있는 19세기의 독일 출신 이집트학자 요하네스 뒤미첸Johannes Dümichen의 기록입니다.

신들의 땅 푼트

기록에 따르면 이집트의 파라오들은 기원전 2400년부터 기원전 1152년까지 그들에게 '신들의 땅'이라고 불린 푼트에 수차례 무역 원정대를 보냈습니다. 그리고 이 교역으로 푼트에서 나는 온갖 진귀한 보물을 수입했습니다. 원정에 대한 최초의 기록은 고대 이집트 제5왕조 2대 파라오인 사후레Sahure의 비석에서 찾아볼 수 있죠. 푼트로 떠났던 원정대가 8천 개의 몰약 덩어리와 금과 은을 가지고 돌아왔다는 기록이 있습니다.

사후레. 그의 통치 기간은 이집트 제5왕조의 정치적·문화적 절정기였다.

1994년경 알렉산드리아 서쪽 해안 마을 아부지르Abusir에 있는 사후레의 피라미드에서 해당 사건을 묘사한 부조가 발견됩니다. 부조 속에는 몰약, 개, 당나귀 등을 가득 실은 4척의 배와 함께 왕으로 추정되는 거대한 인간의 형상이 조각되어 있었습니다. 푼트 사람들에 대한 자세한 언급은 없지만, 옷과 머리 모양에 따라 세 개의 층으로 구분된다고 했습니다. 독특하게도 일부는 파비안 즉, 개코원숭이의 얼굴이었다는데요. 이집트 신화에 등

몰약은 미라를 만들 때 방부제로 사용했다.

사후레 피라미드 부조 탁본(위)과 피라미드(아래).

장하는 풍요의 신 민Min이나 태양신 케프리 Khepri와 유사하죠. 사실 기록 속 푼트는 실제와 환상을 오가기 때문에 기록에 의존해야 하는 우리에게는 실존 여부를 가늠하기가 어렵습니다. 하지만 1천 년이 넘는 긴 시간 동안 이집트와 푼트 사이에 무역이 활발하게 이루어졌다는 점만큼은 분명한 사실인데요. 푼트로 가는 배를 띄운 파라오들 중 가장 유명한 인물은 제18왕조의 5번째 파라오인 하트셉수트Hatshepsut 여왕입니다. 푼트 원정에 지대한 관심을 품었던 여왕은 자신의 이름을 따 건설한 신전 1층 벽면 전체를 푼트 원정대에 대한 기록으로 채워 넣기도 했습니다.

여왕의 원정대는 선원, 선장, 호위병까지 약 200명이다. 이들은 다섯 척의 배를 나눠 타고 항해를 시작했다. 나일강을 따라 배를 타고 5일 동안 남하하자 푼트에 도착했다. 푼트에는 상아, 금, 은, 소금 및 각종 진귀한 보물이 산처럼 쌓여 있었다. 푼트의

이집트 풍요의 신 민(위)과 태양신 케프리(아래).

여왕에게 이집트에서 가져온 선물을 바친 후 제사에 쓰일 몰약과 시더나무를 샀고 유황나무를 분째 떠서 선적했다.

- 하트셉수트 여왕의 신전 부조 기록 발췌

기원전 1567년부터 기원전 1220년까지 존속한 제18왕조에 이르러 이집트와 푼트는 중요한 무역 파트너가 된 것으로 보입니다. 당시 상황을 상세하게 조각한 부조 덕분에 양국의 관계는 물론이고 푼트의 풍경까지 엿볼 수 있는데요.

벽화 속 푼트 사람들은 기둥 위 새장처럼 생긴 집에 살고 있습니다. 집 주변에는 대추야자나무 숲이 있고, 주변으로 소가 한가롭게 풀을 뜯고 있었다고 하죠. 원숭이, 표범, 하마, 기린 등의 동물도 기록되어

이집트 룩소르에 있는 하트셉수트의 영묘.

하트셉수트 여왕의 신전 부조. 제18왕조의 5번째 파라오인 하트셉수트의 이름은 '가장 고귀한 숙녀'라는 의미다.

있는 것으로 미루어 이집트의 풍경과는 사뭇 다른 모습을 보여 주었습니다. 이와 같은 왕가의 기록들까지 발견되면서 점점 더 푼트가 실존했던 나라라는 주장에 힘이 실리죠.

원정대의 실체가 드러나다

2004년 12월, 미국 보스턴 대학 소속 고고학자 캐스린 A. 바드Kathryn A. Bard 박사가 우연히 동굴 하나를 발견하면서 수천 년 동안 베일에 싸여 있던 푼트 원정대의 실체가 드러납니다. 바드 박사는 다음과 같은 기록을 남깁니다.

캐스린 A. 바드.

이집트의 메르사 가와시스Mersa Gawasis 항구 근처의 옛 강가를 탐사하던 중에 사구 언덕 측면에서 굴 입구를 발견했다. 들어가 보니 여러 개의 동굴이 연결된 형태였다. 이곳에 배 선체를 이루었던 널빤지들과 노, 둥글게 말아 놓은 동아줄이 놓여 있었다. 제작 추정 시기는 약 4천 년 전. 그 외에도 21개의 나무 상자를 발견했는데 속은 모두 비어 있었다. 뚜껑에는 '푼트에서 온 보물'이라는 고대 상형문자가 쓰여 있었다. 이집트 비석 속 바로 그 푼트였다.

바드 박사가 발견한 것은 물길이 말라붙어 수천 년 동안 방치된 옛 항구였습니다. 동굴 입구에 세워진 비석에는 제12왕조의 6대 파라오 아메넴하트 3세Amenemhet III의 이름과 '왕이 푼트 원정을 명했다'라는 내용이 새겨 있었는데요. 동굴에서 발견된 도자기 조각으로 탄소 분석을 진행한 결과 최소 이집트 중왕국 시대부터 신왕국 초기까지

이 항구를 이용했을 거라는 사실이 밝혀졌죠. 고된 항해의 흔적이 고스란히 남아 있는 선체 일부와 푼트에서 왔음을 명시한 유물들은 푼트가 『난파당한 선원 이야기』에 등장하는 설화가 아닌 실제 존재했던 고대 도시라는 명백한 증거였습니다.

확인할 수 있는 것은 거기까지였습니다. 가장 중요한 푼트의 위치는 현재까지도 미스터리로 남아 있습니다. 바드 박사는 푼트의 위치를 가늠할 만한 단서를 발견하지는 못했습니다.

아메넴하트 3세. 이집트 중왕국의 황금기를 이끌었던 명군이다.

푼트의 위치

컬럼비아 대학 아시리아학자 마르크 반 드 미에룹Marc Van De Mieroop은 푼트의 위치에 대해 이렇게 이야기했습니다.

1822년 프랑스의 젊은 이집트어학자 장-프랑수아 샹폴리옹Jean-François Champollion이 고대 이집트 상형문자를 해독하는 데 성공했다. 그로부터 지난 수십 년간 여러 고고학자가 '푼트의 위치'를 찾기 위한 연구를 이어 왔다. 하지만 옛 신들의 땅이 어디였는지는 아직도 밝혀지지 않고 있다. 일부는 푼트가 홍해나 인도양에 있을 것으로 추정한다. 성서학자들은 푼트가 에덴동산의 일부이며 금과 은 및 각종 보석의 산지로 알려진 하윌라Havilah라고 주장하기도 했다.

성서학자들이 언급했다는 하윌라는 창세기에 등장하는 지명입니다. 에덴동산에서 흘러나온 4개의 강 중 하나인 '풍부하게 흐르는 강'이라는 의미를 지닌 비손강이 휘감아 흘렀다고 전해지는 곳이죠. 성경은 '이 땅에서는 세상에서 가장 품질이 뛰어난 순금이 나며, 베델리엄bdellium도 있다'라고 했는데요. 원어로는 베돌라흐bedolach라고 읽는 베델리엄은 푼트의 무역품에 등장하는 몰약과 비슷한 향로입니다. 향과 성분에서는 몰약과 거의 차이가 없다고 알려져 있죠. 고대 이집트인들이 말한 몰약과 성경에 등장하는 베델리엄은 같은 대상을 지칭하는 걸까요?

계속되는 전설

푼트 추정 지역은 꽤 여러 곳입니다. 근거는 『난파당한 선원 이야기』를 비롯하여 고대 이집트의 문헌들에서 나왔습니다. 문헌에 푼트의 위치가 남쪽이라고 언급된 점, 그리고 표범, 개코원숭이, 기린 등의 동물이 묘사된 점을 미루어 소말리아 일대가 옛 푼트라는 주장이 있는데요. 소말리아 한 자치주의 이름이 푼트에서 유래된 것으로 보이는

이집트 동남쪽에 위치한 소말리아와 에리트레아.

'푼틀란드Puntlaand'라는 점, 그리고 고대에 이 지역에서 흑단, 금, 유향 등이 많이 났고 무역 또한 활발하게 이루어졌다는 점 등도 근거로 듭니다. 푼트 추정 국가는 수단 공화국, 에티오피아, 아라비아 반도, 에리트레아 등 다양합니다. 그중 에리트레아는 더욱 주목받는데요. 2023년 9월, 이집트에서 발견된 개코원숭이 미라 때문입니다. 이 미라는 푼트에서 이집트로 보낸 것으로 여겨지는 일종의 무역품이었습니다. 개코원숭이의 고향을 추적한 결과, 에리트레아 북서부로 밝혀졌죠.

푼트는 실존했던 나라일까요? 고대 이집트 신화에 등장하는 신들의 나라 푼트는 어디에 있었을까요?

신하가 이마를 땅에 대고 고했다. "제가 이집트에 돌아가면 가장 값

175

비싼 모든 보물을 배에 실어 당신께 돌아오겠나이다." 그러자 뱀이 답했다. "네가 나에게 무엇을 바치려는가. 나는 이미 모든 좋은 것을 가지고 있다. 나는 푼트의 지배자가 아니더냐. 그리고 보라. 네가 한 번 이곳을 떠나면 이 섬을 다시는 보지도 찾지도 못하리니. 이 땅은 곧 파도에 감춰질 것이니라."

- 『난파당한 선원 이야기』 중

기묘한 밤 영상

'신들의 도시'라고 불리는 이집트
신화 속 고대 도시가 실존했다는 증거

3 _____ 시우다드 블랑카

울창한 정글 속
백색의 도시

멕시코의 신비로운 전설

에르난 코르테스Hernán Cortés는 멕시코 제국의 정복자로 잘 알려진 인물입니다. 그가 활동했던 16세기 전반기는 중세에서 근대로 넘어가는 시기였습니다. 항해술의 발달과 1492년 콜럼버스의 신대륙 발견에 고무된 유럽 각국이 새로운 땅을 발견하러 경쟁하듯 배를 띄웠죠. 1526년, 그는 국왕 카를 5세에게 짧은 편지를 보냅니다.

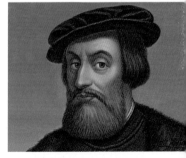

멕시코 제국을 정복한 에르난 코르테스. 위대한 탐험가와 무자비한 살인마라는 엇갈린 평판이 있다.

1492년, 콜럼버스의 신대륙 발견은 중세를 지나 근대로 가는 교두보와 같은 사건이다.

온두라스 내륙의 정글에 관한 신비로운 전설을 들었습니다. 그곳에
는 화려한 도시가 있다는데, 현지인들 말로는 과거의 위대한 유산이
라고 합니다.

16세기에 카를 5세가 다스리는 스페인은 아즈텍Aztec 정복 등에 앞
장서며 막대한 부를 쌓고 있었습니다. 이익을 얻을 수만 있다면 탐험
과 개척을 명목으로 신식 무기를 갖춘 군대를 출동시키기도 했는데
요. 대표적으로 잉카 제국 정복을 들 수 있습니다. 불행 중 다행으로
온두라스 정복 과정에서 코르테스가 언급한 정글까지는 마수가 닿지

유네스코 세계문화유산인 멕시코의 테오티우아칸의 피라미드(왼쪽)와 아즈텍 지하세계의 신 믹틀란테쿠틀리(오른쪽).

않았습니다.

그리고 1526년의 편지를 끝으로 정글 속 고대 도시는 한동안 문헌에 등장하지 않고 잊혀 갔습니다.

시우다드 블랑카 원정대

그로부터 300여 년이 지나 1839년이 되었습니다. 미국의 외교관이자 고고학자였던 존 로이드 스티븐슨John Lloyd Stephens은 온두라스 동부의 정글을 탐사하던 중 대규모의 유적 터를 발견합니다. 탐험에서 복귀한

존 로이드 스티븐슨.

그는 자신이 온두라스에서 본 것을 삽화와 함께 책에 기록했는데요.

온두라스 동부의 열대밀림 지역 모스키티아Mosquitia에서 상징적인
유적 터 수십 곳을 발견했다. 이곳은 불가사의한 붕괴로 그 막을 내
린 마야 문명이 한때 지배했던 곳으로 보인다.

존이 그린 삽화에는 흰색으로 칠해진 기둥과 건물들이 묘사되어 있
었다고 합니다. 이후 해당 유적은 흰색의 도시라는 의미의 '시우다드
블랑카Ciudad Blanca'라고 불리었습니다. 다만 문제가 하나 있었습니

모스키티아는 온두라스 동부 인근이다.

그래픽으로 구현한 시우다드 블랑카 상상 이미지.

다. 모스키티아 지역은 빽빽한 밀림에다 기후 변화도 심한 곳이라 제대로 된 탐험이 이루어지지 못했는데요. 장비 또한 열악했기에 이름난 탐험가들도 선뜻 도전장을 내밀지 못했죠.

시간이 더 흐릅니다. 1930년대 미국에 탐험 붐이 일어나며 시우다드 블랑카에 다시금 사람들의 관심이 집중됩니다. 많은 원정대가 전설 속 백색의 도시를 찾기 위해 온두라스의 밀림으로 향하는데요. 석유왕의 아들이자 유물 수집가였던 조지 구스타프 헤이어George Gustav Heye도 그중 한 명이었죠. 조지는 아메리칸 인디언 박물관을 설립할 정도로 옛 문명에 남다른 관심을 가진 인물이었습니다. 직접 탐험에 나서지는 않았지만 원정대를 꾸리고 그들을 후원하는 것으로 도움을 주면서 잃어버린 도시의 발견을 고대했죠. 하지만 두 번의 원정이 연이어 실패로 끝나고 맙니다.

조지는 좌절하지 않고 세 번째 원정을 계획합니다. 그리고 원정을 준비하며 미국의 탐험가였던 테어도어 모드 Theodore Morde와 만나게 됩니다. 모드는 스물아홉이라는 젊은 나이에 다섯 번의 세계 일주를 마쳤을 정도로 열정과 경험이 풍부한 탐험가였는데요. 모드야말로 세 번째 탐사의 적임자라고 생각한 조지는 그를 필두로 원정대를 꾸립니다. 1940년 3월, 모드는 뉴욕을 떠나 온두라스로 향합니다. 10여 년의

조지 구스타프 헤이어.

세월은 시우다드 블랑카에 대한 세간의 관심을 떨어뜨리기에 충분했습니다. 그도 그럴 것이 이미 수많은 탐험이 실패로 끝났으니까요. 사람들의 머릿속에는 시우다드 블랑카 역시 엘도라도 같은 환상에만 있는 도시라는 인식이 굳혀졌습니다.

모드는 4개월 뒤에 온두라스 탐험을 마치고 고국인 미국으로 복귀했습니다. 탐험에서 돌아온 직후 그는 《뉴욕타임스》와 인터뷰를 진행합니다. 이튿날, 신문에 실린 헤드라인은 이렇습니다.

테어도어 모드.

석유왕의 아들이 후원하는 원정대가 온두라스 탐사에 성공했다. 책임자인 테어도어 모드는 그곳에 '원숭이 신을 섬기는 고대 도시'가 존재한다고 했다.

실패로 끝난 모드의 모험

《뉴욕타임스》인터뷰에서 모드는 자신이 온두라스의 정글 속에서 시우다드 블랑카를 발견했다고 말했습니다. 그리고 이 도시는 평범한 고대 도시가 아닌 '원숭이 신'을 숭배하던 기이한 집단이라고요. 모드의 진술은 제법 구체적이었습니다.

우리는 울창한 정글 한복판에서 이끼로 뒤덮인 기둥을 발견했다. 아직 녹 빛이 채 닿지 않은 기둥 끝이 태양 빛을 받아 하얗게 반짝거렸다. 마치 녹색의 로브 속에 박혀 있는 다이아몬드 같았다. 도시는 허물어진 벽으로 둘러싸여 있었는데, 잔해들만 보아도 이곳이 한때 훌륭한 건축물이었음을 단번에 알아볼 수 있었다. 우리가 발견한 유적보다 더 흥미로웠던 것은 그들이 섬겼다는 '원숭이 신'이다. 탐험에 동행했던 원주민 소년이 "이곳 어딘가 거대한 원숭이 조각상과 그 제단으로 향하는 숨겨진 길이 있다"고 말했으나 끝내 찾지 못했다. 고대인들은 원숭이 신에게 인신공양을 올렸는데, 만약 인간 제물을 올리지 않으면 원숭이 신이 마을로 내려와 사람들을 잡아먹었다고 한다. 또 이곳 여성들과 강제로 관계하는 바람에 마을에는 반은 인간이고 반은 원숭이인 반인반수半人半獸들이 있었다는 전설도 있다. 현지인들에게도 원숭이 신은 신성이 아닌 공포와 두려움의 대상이었던 것으로 보인다.

놀라운 내용이었습니다. 그는 유적지에서 수많은 공예품을 들여왔고, 이것을 스미소니언 박물관에 보관해 두었다고도 했는데요. 본격적인 발굴을 위해 다시 온두라스로 향할 계획이라고 밝혔죠. 하지만 원정 일정이 점차 밀리더니 잠정 보류되고 맙니다.

시우다드 블랑카가 다시 세간의 관심을 사로잡은 다음이라 다른 탐험가들이 그에게 고대 도시의 위치라도 공유해 달라고 요청했으나 모드는 절대로 좌표를 공개하지 않았습니다. 그의 행동에는 이해가 가는 부분도 있죠. 탐험가라면 자신의 손으로 위대한 발견을 마무리 짓고 싶었을 테니까요. 그래서 사람들은 모드가 어서 빨리 원정대를 꾸려 다시 한번 온두라스로 향하길 기다렸습니다.

14년이 속절없이 흘러 1954년이 되었습니다. 스물아홉이었던 모드도 중년에 접어들었죠. 하지만 탐험을 포기하기엔 이른 나이였습니다. 그러나 6월 26일, 그는 부모님의 집에서 돌연 사망한 채로 발견됩니다. 스스로 목숨을 끊은 것처럼 보였는데요. 경찰 역시 타살의 징후는 없다고 결론을 내렸습니다. 반면에 평소 모드와 가까이 지내던 지인들은 그의 죽음에 석연치 않은 구석이 있다고 했으며, 음모론자들 또한 모드의 죽음이 시우다드 블랑카로 향하는 2차 원정이 계속해서 밀린 것과 연관이 있을 거라 수군거렸지만 사건은 그대로 마무리되었죠. 결국 모드는 다시 온두라스로 향하지 못한 채, 도시의 모든 비밀을 홀로 간직한 채로 눈을 감았습니다.

정글 속 도시에 관한 동화

모드의 죽음 이후로 시우다드 블랑카는 다시 전설화되었습니다. 호사가들도 "모드는 자신의 거짓말이 감당할 수 없을 정도로 커지자 스스로 목숨을 끊은 것"이라면서 온두라스 정글 속 백색의 도시는 동화일 뿐이라고 치부했죠. 그럼에도 시우다드 블랑카에 대한 소문은 사라지지 않았습니다. 모스키티아에는 아직 사람의 발길이 닿지 않은 여러 정글이 넓게 펼쳐져 있었고, 그 속에는 적어도 수백 개 이상의 유적이 그 속에 숨어 있을 거라 여겨졌습니다. 정글에 살던 원주민들 역시 '원숭이 신의 잃어버린 도시' 전설을 언급했기에 이후로도 시우다드 블랑카를 찾으려는 시도가 이어졌습니다.

1990년대, 하버드 대학 소속의 고고학자 고든 윌리Gordon Willey는 온두라스의 한 술집에서 현지인들에게 전해 들은 하얀 절벽의 도시에 관해 이야기했습니다. 또 온두라스 전문 고고학자였던 조지 하세만 George Hasemann은 현지 정보원을 통해 정글 속 잃어버린 도시에 대한 전설을 수없이 접했다고 말했고요. 하지만 모든 건 실체와 증거가 없

원숭이 신 동상과 제단 상상도.

는 소문들이었죠. 따라서 체계적인 탐사로까지 이어지지 못했는데요. 시간이 또 흐르며, 시우다드 블랑카는 사람들의 기억 속에서 차츰 잊혀 갔습니다.

기술 혁명을 통한 새로운 바람

모드의 발표로부터 70년이 지난 2010년. 지형 매핑에 사용되는 장비인 라이다가 발전된 기술을 토대로 빠르게 진화하면서 고고학계에도 새 바람이 불어옵니다. 라이다는 열대우림의 빽빽한 나무들을 뚫고, 그 아래 지상을 정밀하게 스캔하는 최첨단 탐사 장비인데요. 고고학자들이 사반세기 동안 걸어 다니며 그렸던 마야의 지도를 NASA 과학 팀이 라이다를 이용해 단 5일 만에 완성해 냈습니다.

라이다는 초당 12만 5천 개에 달하는 적외선 광선을 지상으로 뿌린다. 이렇게 쌓인 수십 억 개의 레이저 펄스는 정글의 빽빽한 나뭇잎 틈을 뚫고 숲 바닥에 반사된다. 반사되어 비행기로 도착한 레이저 빔의 왕복 시간을 측정하면 울창한 숲속에 무엇이 있는지 알아낼 수 있다.

라이다는 물체에 레이저를 쏘고 되돌아오는 시간을 감지하여 물체의 위치와 크기를 판단하는 장비다.

비약적으로 발전한 고고학 기술이 가져다주는 작업의 혁신은 대단했습니다. 덕분에 시우다드 블랑카는 또다시 수면 위로 나옵니다. '라이다를 이용해 온두라스의 정글 속을 들여다보면 잃어버린 고대 도시가 드러나지 않을까?' 하는 물음이었죠.

독특하게도 이것을 가장 먼저 시도한 사람은 영화감독 출신의 스티브 엘킨스Steve Elkins였습니다. 고고학 잡지를 읽다 정글 속 백색 도시의 존재를 처음 알게 되었다는데요. 스티브는 직접 정글을 탐사하고 싶었지만 전문 지식과 인력이 부족했습니다. 이에 라이다 기술자였던 윌리엄 카터와 접촉했고, 윌리엄도 관심을 보입니다. 하지만 라이다 스캔 기술을 통해 정글을 탐사하는 일은 생각만큼 간단하지 않았습니다. 스티브는 라이다를 이용해 모스키티아의 정글 전체를 훑어보고 싶었지만, 이를 위해서는 엄청나게 많은 돈이 필요했죠. 고민 끝에 관련된 모든 연구와 기록, 지역의 전설과 소문 등을 종합하여 후보지를 몇 개 추렸습니다. 그리고 나서 라이다를 스캔할 정글을 130제곱킬로미터로 축소합니다. 이것도 엄청난 크기이지만 모스키티아 전체에 비할 바가 아니었습니다. (130제곱킬로미터는 미국의 도시 샌프란시스코의 면적과 비슷합니다.)

2012년, 자체 탐사 팀을 꾸린 스티브 엘킨스 일행은 라이다를 실은 비행기를 타고 온두라스의 정글 위로 날아오릅니다. 여정은 수월하지 않았는데요. 정글에 피어난 무수히 많은 꽃과 숲 사이를 뛰어다니는 야생동물들은 라이다에서 쏘는 레이저들을 가로막고 또 방해했습니

스티브 엘킨스.

다. 그러나 포기하지 않고 상공을 비행하며 스캔기에 인공물의 흔적이 떠오르기를 기다렸습니다. 비행기가 밀림 한가운데 위치한 계곡의 중앙으로 향했을 때, 카터가 스티브에게 "아래쪽에 흰 네모 두 개가 잡혀요!"라고 소리쳤죠.

카터가 말한 구역을 스캔한 다음 급하게 비행을 마치고 숙소로 복귀한 일행은 한곳에 모여 노트북에 떠오른 이미지를 확인했습니다. 광대한 지역을 비행기로 빠르게 돌아본 탓에 지도는 불규칙하게 생성되었지만 성과는 있었습니다. 계곡의 하천이 합류되는 지점 위에 분명한 직사각형과 정사각형 모양의 피라미드 둔덕이 있었던 거죠. '도시'의 잔해처럼 보였습니다. 1526년 최초로 기록되었고, 1940년 발견되

었다가 2012년에야 실체가 드러난 백색 도시 시우다드 블랑카. 학계
는 흥분에 휩싸였습니다.

본격적인 탐사와 발견

직접 이미지를 검토하고도 믿을 수 없었다. 정말로 환상적이고 놀라
운 발견이다.

— 스미소니언 국립 박물관 수석 큐레이터 알리샤 곤잘레스Alicia Gonzalez

잃어버린 도시, 시우다드 블랑카를 탐사하고자 활발한 움직임이 이
어졌습니다. 2015년 3월 내셔널지오그래픽 다큐멘터리 팀은 조사를
위해 탐사 팀을 꾸려 온두라스로 향합니다. 고고학자, 인류학자, 식물
학자 등 각 분야의 최고 전문가들로 구성된 최정예 팀이었죠. 정글에
도착한 탐사 팀은 기대 이상으로 놀라워했습니다. 아마존에서 30년간
연구를 진행한 이력이 있는 식물학자 마크 플롯킨Mark Plotkin은 "세상
어떤 곳보다 원시적이다. 이곳이라면 무엇이 발견되어도 납득할 수
있을 것 같다"고 했습니다.

팀은 험난한 정글을 뚫으며 곧장 스캔기에 찍힌 좌표로 이동했습니
다. 그리고 3년 전 스티브가 찾은 것과 같은 것으로 보이는 유적 터를
발견합니다. 잃어버린 혹은 환상의 도시가 실재하는 고대 역사로 탈바
꿈하는 순간이었죠. 이들은 곧장 현지 조사를 행했습니다. 우선 유적

온두라스로 향한 내셔널지오그래픽 다큐멘터리 팀.

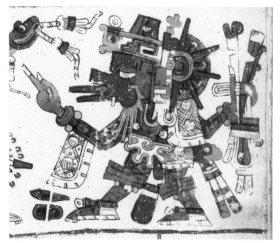

메소아메리카 신화에 나오는 신 케찰코아틀.

의 발생 연대를 측정했고요. 그 결과, 도시는 서기 1000년에서 1400년
사이에 번영했으리라 추정되었는데요. 유적지에서는 수많은 고분과
광장이 발견되었습니다. 독수리, 뱀, 재규어 같은 온갖 동물을 형상화
한 유물들도 대거 발굴되었고요. 넓은 피라미드 터는 종교적 의식을
위해 쓰였던 건축물로 보였으며, 궁으로 보이는 듯한 성채와 일반 건
물들이 구분된 것으로 미루어 계급이 존재했음을 알 수 있었습니다.

탐사 전, 학자들은 이것이 독자적인 문화가 아닌 다른 뿌리 문명을
지닌 부수 집단이지 않을까 예측했는데요. 조사 결과 주변의 마야, 아
즈텍, 잉카와는 다른, 새로운 형식의 독자 문명으로 밝혀집니다. 멕시
코의 옛 문명에서 공통으로 숭배하던 뱀 신 케찰코아틀Quetzalcóatl이
아니라 정체를 알 수 없는 원숭이 신을 섬기는 것도 이례적이었죠. 다

만 이전에 모드가 언급했던 거대한 원숭이 신 동상과 제단으로 향하는 길은 보이지 않았습니다. 원숭이를 형상화한 것 같은 그림들과 유물들은 발견되었으나 다른 동물들을 만든 것과 크게 다르지 않았습니다. 몇몇은 "우리가 찾은 것은 원숭이 신의 잃어버린 도시가 아니다"라는 의미심장한 추측을 내놓기도 했습니다.

탐사 팀이 찾은 건 시우다드 블랑카가 아닐 수도 있다는 추론입니다. 충격도 잠시, 팀은 여기 얽힌 진실을 더는 확인할 수 없었는데요. '육식병'이라는 감염증이 퍼지기 시작했기 때문입니다. 괴사성 근막염이라고도 불리는 이 병은 심한 통증과 고열, 두통, 피로를 유발하는 급성 감염증의 일종입니다. 상처 감염을 통해 발생하는 병이라 다수에게 동시다발로 나타나기는 힘들다고 알려져 있습니다. 그런데 무슨 이유에선지 탐사 팀의 절반 넘는 인원이 상처도 없는 상태에서 증세가 나타나고 말았습니다. 특정 벌레에 물린 것으로 추정했지만 정확한 원인은 끝내 파악할 수 없었고, 팀은 결국 철수를 결정합니다.

깊은 정글에 잠든 미스터리

시우다드 블랑카를 찾고자 하는 노력은 꾸준히 이어졌지만 과정이 원활하지는 못했습니다. 몇몇은 끔찍한 육식병이 고대인들을 멸망시킨 원인이라는 분석을 내놓았는데요. 소문대로 원숭이 신의 저주였을지도요.

온두라스의 정글 속 발견은 여전히 수수께끼에 싸여 있습니다. 문명이 정확히 언제 시작되었는지, 도시를 건설한 이들은 어디에서 왔다가 어디로 사라진 건지, 이곳이 전설 속 백색 도시 시우다드 블랑카가 맞는지 등. 그리고 원숭이 신이 존재했던 도시에서 어떤 규칙을 갖고 살았던 것인지요. 관련해서는 무한한 상상의 나래를 펼칠 수 있습니다. 그러나 인간의 끊임없는 질문에 밀림은 긴 시간 아무 대답도 하지 않고 있습니다.

기묘한 밤 영상

온두라스의 정글 속에서 발견된
'원숭이 신'을 섬기는 고대 도시

4 _____ 헤라클레이온

태초의 바다 밑에
잠든 도시

고고학의 보물창고

2000년 6월 3일. 유럽수중고고학연구협회European Institute for Underwater Archaeology, IEASM가 발표 자리를 가졌습니다. 이집트 북부 해안 아부키르Aboukir 만 해저에서 미지의 고대 도시인 '헤라클레이온 Herakleion'의 흔적을 발견했다는 내용이었죠. 기록이 기원전 12세기까지 거슬러 올라가는 헤라클레이온은 이집트에서 크게 번영했다고 알려져 있습니다. 또한 당대 세계 무역에 중요하게 관여한 문화 중심지였습니다.

헤라클레이온은 이집트의 파피루스나 귀금속 등을 수출하는 과정에서 다

European Institute for Underwater Archaeology

⊕ IEASM

IEASM 로고.

른 문명과의 교류도 활발히 이루어졌습니다. 정의하면 '고고학의 보물창고'였죠. 이와 같은 역사적 가치로 헤라클레이온의 존재를 증명하고자 하는 움직임이 끊임없이 이어졌습니다. 그러나 지진과 해일 때문에 바닷속으로 가라앉았다는 이야기만 전해질 뿐, 실질적인 유적이나 도시의 흔적은 발견되지 않았죠.

현존하는 파피루스 문서 대부분은 『사자의 서』 같은 종교적 내용을 담고 있다.

아틀란티스 역시 바닷속으로 가라앉았다고 한다.

집념 끝에 발견한 도시

헤라클레이온 앞에는 항상 '전설', '신화' 같은 수식이 따라붙습니다. 그만큼 사람들의 관심이 높다는 의미지만 같은 이유로 탐사는 순탄치 않았습니다. IEASM 책임자이자 고고학자인 프랑크 고디오Franck Goddio는 주변으로부터 "헛된 전설은 그만 좇고 이제 현실을 살라"는 말을 들었습니다. 하지만 고디오에게는 헤라클레이온의 존재와 자신이 그것을 발견해 낼 수 있으리라는 강한 믿음이 있었죠. 그에게 헤라클레이온은 유토피아가 아닌 실재하는 대상이었습니다.

프랑크 고디오는 헤로도토스, 스트라본 같은 고대 그리스의 저명한 역사가들이 남긴 기록을 따라가다 보면 언젠가 실마리를 발견할 수 있으리라 여겼죠. 과정은 험난했으나 고디오와 연구 팀은 포기하지 않았습니다. 우리가 흔히 '고대 이집트'라고 부르는 시기는 기원전 32세기부터 기원전 332년까지로, 3천 년이 넘습니다. 남은 헤라클레이온 자료는 많지 않다고 해

프랑크 고디오.

도 워낙에 방대한 역사라 문헌들을 살펴보는 일 자체가 만만치 않았습니다. 하지만 연구 팀은 여러 문헌과 자료를 통해 도시의 위치에 대한 단서를 수집했고, 연구를 진행합니다. 마침내 아부키르 만의 특정 구역으로 탐사 대상을 좁힌 이들은 수중 음파 탐지 장치인 소나, 자력계, 해저 프로파일러 등을 사용해 바닷속을 스캔했는데요. 이집트 고대유물부와 협력하며 인력과 장비 지원을 받기도 했고요. 이처럼 세계 최고 수준의 전문가들과 최신 고고학 기법을 더한 획기적인 탐사였음에도 결과는 변변치 않았습니다.

성과는 지지부진했어도 탐사는 이어졌습니다. 여느 날처럼 자기장 탐사를 진행하던 고디오는 해저 깊숙한 곳에서 수상한 반향을 탐지합니다. 퇴적물이 기계에 자기장 교란을 일으킨 것이었죠. 그것은 일직선으로 보였습니다. 이상한 일이었죠. 바닷속 암석이 곧은 직선 모양

을 갖기는 힘들다고 판단한 고디오는 곧바로 잠수부를 투입하여 지형을 살펴봅니다. 그러나 해저에서는 아무것도 발견할 수 없었는데요. 분명히 무언가 있다는 직감을 받은 고디오는 전문 장비를 공수해 수 톤에 달하는 해저 모래를 빨아들이기 시작합니다. 다들 숨죽이며 상황을 지켜보는데, 흡입기에 모래와 함께 무언가 둔탁한 것이 걸려 나옵니다. 그건 '도자기 파편'이었습니다.

얼마간의 탐사가 더 이어지고, 모래 속에서 거대한 석회암 덩어리가 모습을 드러냅니다. 석회암은 자연 상태가 아닌, 네모반듯하게 조각된 형태였는데요. 개수 또한 수십 개에 달했죠. 고디오는 이것이 고대 신전의 한쪽 벽면을 이루던 일부로 추측했습니다. '헤라클레스 신전'이라는 데 가능성을 두었는데요. 헤라클레이온 중심부에 있었다는 신전은 반신반인의 영웅 헤라클레스가 건설했다는 이야기가 존재하기에 더욱 신화로 취급받던 장소입니다.

헤라클레스 신전

영웅 헤라클레스가 이집트에 처음 발 디딘 곳에 웅장한 신전이 건설되었다.

— 고대 그리스 역사가 헤로도토스

고대 지중해 무역을 담당했던 이집트는 그리스와도 활발한 교류를

프랑크 고디오 발굴 팀이 발굴한 유물과 조각상 등.

이어 나갔습니다. 그 결과 두 국가 간의 문화에도 긴밀한 유대가 생겨났고, 서로의 신들을 받아들였는데요. 두 나라 모두 다신교 국가였기에 가능했습니다. 덕분에 원래는 그리스의 신이었던 헤라클레스도 이집트의 옛 도시에 신전을 가질 수 있었죠.

고디오는 헤라클레스 신전의 실존 증거를 찾는 것이 헤라클레이온을 입증하는 일이라고 생각했습니다. 석회암 벽돌들 또한 대단한 발견이기는 했으나 이것을 고대 도시의 근거라고 내세우기에는 부족한 부분이 많았는데요. 다행이라면 벽돌 발견 이후 팀의 사기가 수직 상승했다는 것이죠. 각자 역사에 한 획을 그을 발견을 이루고자 열정적으로 조사에 임했습니다. 그리고 석회암 벽돌에 이어 스핑크스까지 찾아내기에 이릅니다. 흑화강암으로 만들어진 조각상은 이것이 이집트 출신이라는 점을 확실시해 주었으며, 평범한 건물이 아닌 신전이었음을 분명히 말하고 있었습니다.

한번 물꼬가 트이자 계속해서 발견이 이어졌습니다. 총장이 6미터에 달하는 조각상이 웅장한 자태를 드러내기도 했죠. 다만 어떤 신을 본따 만들었는지는 알 수 없었습니다. 조각상이 무슨 신을 형상화했는지 알 수 있다면 신전의 이름과 기원이 밝혀질 수도 있었습니다. 하지만 당시 기술로는 닳고 부서진 조각상의 본모습이 어땠는지 유추하기가 힘들었습니다. 연구 팀은 자신들이 찾은 유적이 '고대도시 헤라클레이온인 듯하다'라는 추측성 발표를 할 수밖에 없었는데요. 고고학 기술의 비약적인 발전으로 긴 시간이 흐르지 않았음에도 고디오

그래픽으로 재현한 헤라클레이온.

가 발굴한 조각상의 원래 모습과 신전의 전체 모습까지 그래픽을 통해 (가상으로) 구현할 수 있게 됩니다. 조각상은 총 3개로, 각각 높이 약 6미터에 무게는 6톤에 달하는 것으로 드러났습니다. 머리에는 왕관을 썼다고 밝혀졌는데요. 신이 아니라 파라오와 왕비를 형상화한 것이었죠.

연결고리를 찾아서

이집트학자인 밥 비앙키Bob bianchi 박사는 여기서 연결고리를 하나 찾습니다. 그래픽으로 재구현한 그들의 모습이 이집트 남동부에 위치한 콤 옴보Kom Ombo 신전 부조와 상당히 유사했기 때문입니다. 이집트 왕족의 얼굴 표현은 시대에 따라 조금씩 변화합니다. 특히 파라오의 모습에서 더욱 두드러지고요. 이 비교를 통해 고디오가 발견한 조각상이 콤 옴보 신전 부조의 양식과 일치함을 찾을 수 있었습니다. 비앙키 박사는 이를 토대로 해당 조각상이 지어진 연대가 이집트 마지막 왕조인 프톨레마이오스 왕조 때라고 추측했습니다. 기원전 305년부터 기원전 30년까지인 프톨레마이오스 왕조 시기는, 헤라클레이온이 존재했다는 기록이 남아 있는 시기이기도 했죠.

이 소식을 접한 고디오는 파라오와 왕비의 대형 조각상이 있었던 신전이라면 분명 중요한 역할을 맡았을 거라고 직감했습니다. 신전의

콤 옴보 신전은 기원전 4세기에 세워졌다.

'이름'을 알고자 기꺼이 발굴 작업을 재개했고요. 이 과정에서 연구 팀은 인간이 만든 것으로 보이는 삼각뿔 조형물을 발굴하죠. 신전의 중심부인 성전에 놓였던 것으로 추정되는 석재 건축물이었습니다. 돌의 양옆에는 고대 이집트의 상형문자가 새겨져 있었고요. 해석해 보니 이런 뜻이었습니다.

이곳은 아문 게렙의 신전이다.

역사로 나아가다

아문 게렙은 신들의 왕으로 불리는 이집트의 고대 신입니다. 파라오에게 통치권을 주는 역할을 하는 등 중요도가 매우 높습니다. 그간의 연구를 종합하여 고디오는 이곳이 이집트 왕족들이 파라오의 칭호를 받기 위해 의식을 치르던 신전이었을 거라고 유추했죠. 이로써 신화는 현실이 되고요. 카이로 박물관 석비에 다음과 같은 기록이 남아 있던 덕분입니다.

아문 게렙의 신전은 다른 말로 헤라클레스 신전이라고 한다.

그래픽으로 복원한 아문 게렙의 신전.

204

헤라클레이온 추정 위치.

바닷속에 잠들어 있던 역사의 한 페이지가 지상에서 다시금 쓰이는 순간이었습니다. 헤라클레이온 발굴 작업은 '진행' 중입니다. 해저라는 특수한 환경으로 아직 10%도 채 발굴되지 않아 상당한 시간이 걸릴 것으로 예상됩니다. 도시의 전체 모습이 드러나는 날, 우리는 무엇을 더 알게 될까요?

기묘한 밤 영상

전설 속 헤라클레스 신전에서 발견된
충격적인 유물

5   제르주라

금은보화가 가득한 곳

거대한 두 산 사이의 협곡으로 들어가면 흰색 빛으로 가득 찬 도시가 나온다. 검은 거인이 도시로 가는 입구를 지키고 있고, 그 옆에는 낯선 모습의 새 조각상들이 잔뜩 늘어서 있다. 도시 안에는 호화로운 건물들이 즐비해 있고 길에는 야자수가 가득하다. 맑은 빛의 샘이 도시 전체에 흐르니, 여인들과 아이들은 그 물에서 놀고 몸을 씻는다. 나를 극진히 보살펴 주었으나 그들이 하는 말의 의미는 도통 알 수가 없었다.

1481년, 리비아 벵가지Benghazi에서 에미르emir(아랍의 군주, 장군, 수

206

리비아 벵가지 현재 모습.

장)의 낙타 몰이꾼으로 일하던 하미드 케일라Hamid Keila가 엉망이 된
차림새로 집으로 돌아옵니다. 그는 오랫동안 행방불명된 상태였는데
요. 죽은 줄로만 알았던 수하가 돌아오자 깜짝 놀란 에미르는 하미드
를 불러 대체 어떻게 된 일인지 설명해 달라고 했죠. 하미드가 들려준
이야기는 놀라웠습니다.

　하미드는 자신이 사하라 사막을 떠돌던 중 신비롭고 아름다운 오아
시스를 마주했다고 말합니다. 그리고 그곳에는 각종 금은보화가 가득
한 비밀스러운 도시 '제르주라Zerzura'가 존재한다고요. 사하라 사막을
무대로 펼쳐지는 이 이야기는 어느 소설과 영화보다도 극적입니다.

잃어버린 오아시스

'잃어버린 오아시스', '흰색 빛의 도시' 제르주라에 대한 최초의 언급은 13세기까지 올라갑니다. 이후 사막의 고대 도시는 여러 나라의 문헌에 등장하는데요. 어디까지나 신화나 전설 정도였습니다. 20세기 초까지 이집트와 리비아 일대 사막은 모래로 뒤덮인 미지의 세계였거든요. 잦은 모래폭풍과 열악한 환경으로 탐사를 이어 나가기는 어려웠기에 개척과 수색에 무리가 있었죠. 하지만 많은 탐험가가 수백 년 동안 지치지 않고 넓은 사막을 헤매며 제르주라를 찾기 위한 도전을 멈추지 않았습니다.

연대 불명의 중세 아랍 문헌 『키타브 알 카누즈Kitab al Kanuz』에도 제르주라를 언급한 구절을 찾을 수 있습니다. 『키타브 알 카누즈』는 이집트 등의 고대 문명에 숨겨진 보물과 전설에 얽힌 기록들을 모아 둔 책인데요. 옛 모험가들에게는 지침서와도 같은 역할을 했습니다. 다만 이 신비로운 가이드북에는 어떻게 비밀의 도시로 들어갈 수 있는지에 대한 대략적인 방향만 적혀 있었죠.

제르주라를 찾기 위해 야자나무와 덩굴, 그리고 흐르는 강을 따라가라. 거대한 두 언덕 사이, 서쪽으로 열리는 또 다른 계곡을 만날 때까지 물을 따라 걸어라. 계속해서 걷다 보면 제르주라의 입구가 보일 것이며 굳건히 닫힌 문을 지키고 서 있는 검은 거인들을 볼 수 있을 것이다. 문 옆에 조각된 새의 부리에 손을 뻗어 열쇠를 꺼내 당당히 문을 열고 들어가라. 그곳엔 이전에 본 적 없는 막대한 황금과 영면을 취하고 있는 왕족의 무덤들이 있다.

보물을 찾아 떠난 탐험

사하라 사막 어딘가에 존재한다는, 수백 년 동안 정체가 드러나지 않은 고대 도시에 커다란 흥미를 느낀 인물이 있었습니다. 헝가리의 항해사이자 사막 탐험가였던 라슬로 알마시Laszlo Almasy. 제르주라와 관련된 신비스러운 이야기에 매료당한 그는 직접 그곳을 찾아 떠나기

라슬로 알마시.

로 하죠.

1932년, 알마시는 원정대를 꾸림으로써 본격적인 사막 탐험에 나섭니다. 그의 원정대에는 영국의 왕립 공군 장교이자 제1차 세계대전의 영웅이었던 휴버트 존스Hubert Jones와 포병 장교 출신의 전문 측량사 팻 클라이튼 등 각 분야 최고 전문가들이 포함되어 있었습니다. 그리고 이들에게 존 가드너 윌킨슨John Gardner Wilkinson이 큰 도움을 주었습니다. 이집트학의 아버지라는 애칭을 가진 그는 이집트 왕가의 계곡에 있는 무덤들에 번호를 매기는 등 이집트 고고학에서 빼놓을 수 없는 인물입니다. 원정대는 1843년에 그가 남긴 제르주라에 관한 묘사를 토대로 도시의 위치를 좁혀 나갑니다.

휴버트 존스.

존 가드너 윌킨슨.

'파라프라Farafra'와 '바하리야Bahariya' 오아시스를 연결하는 길에서 서쪽으로 5일 동안 걸으면 야자 샘과 세 개의 비옥한 계곡, 그리고 백색 빛의 유적들로 가득한 도시가 나온다.

-존 가드너 윌킨슨의 『근대 이집트와 테베Modern Egypt and Thebes』 중

윌킨슨의 기록을 지도 삼아 원정대는 자동차는 물론이고 정찰용 비행기까지 활용하여 사막 수색을 진행했습니다. 그리고 사막 남서부 구석에 자리한 길프 케비르Gilf Kebir 고원에서 녹색 초목이 있는 계곡 두 줄기를 발견하는데요. 계곡의 형태가 문헌에 쓰인 제르주라로 향하는 길목의 묘사와 굉장히 유사했습니다.

알마시는 머지않아 전설 속 고대 도시에 닿을 수 있을 거라 확신했고, 곧장 비행기에서 지상으로 내려와 계곡을 따라 이동할 것을 계획합니다. 그러나 예정보다 길어진 수색으로 물자와 연료가 전부 소진된 상태였는데요. 아쉽지만 탐험을 중단할 수밖에 없었습니다. 그렇게 첫 번째 여정은 실패로 돌아가죠.

길프 케비르 고원이 등장하는 영화 《잉글리쉬 페이션트》. 주인공 이름도 라슬로 알마시다.

2차 원정대를 꾸리다

라슬로 알마시는 좌절하지 않았습
니다. 다음 해인 1933년 다시 원정대
를 꾸려 제르주라를 찾는 2차 여정을
떠납니다. 그사이 알마시의 1차 탐험
이 어느 정도 유명세와 관심을 얻었
고, 덕분에 이집트 술탄의 아들이었던

카멜 엘 디네 후세인.

카멜 엘 디네 후세인Kamal el Dine Hussein 왕자의 후원을 받는 데도 성
공하죠. 탐험에는 1차 원정에 참여했던 휴버트 존스가 다시 한번 비행
임무를 맡았으며, 높아진 관심에 부응하듯 몇몇 나라의 여행작가들과
사진기사들도 동행합니다.

알마시는 곧장 이전에 발견했던 길프 케비르 고원 사이의 계곡으로
향했습니다. 주변을 수색하던 원정대는 인근 동굴에서 무언가를 발견
합니다. 동굴 벽과 천장에 잔뜩 새겨진 암각화였죠. 오래전 이곳에 사
람이 살았다는 증거이기도 했습니다. 암각화에는 낚시하는 사람들,
주술적인 의식을 행하는 사람들을 포함하여 여러 종류의 동물들도 그
려져 있었습니다. 그중 단번에 알마시의 눈을 사로잡은 그림이 하나
있었는데요. 일반인의 두 배 크기에 달하는 '거대한 인간'이 새겨진 암
각화였습니다. 그는 이것이 제르주라의 입구를 지키고 있었다던 거인
에 대한 묘사일 수 있겠다고 여겼습니다. 실재했던 거인을 그려 넣었

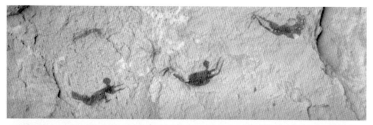

길프 케비르 고원 동굴에 새겨진 암각화.

다기보다는 오랜 전설을 그림으로 표현한 것이라는 추측이었는데요. 동굴 벽에 있는 일부 암각화만으로 이것이 제르주라의 증거라고 단정하기에는 무리가 따랐죠.

알마시와 원정대는 300킬로미터가 넘는 사막을 수색하며 추가적인 유적이나 기록이 있는지 찾고자 노력했지만 제르주라를 전설에서 현실로 이끌 만한 명확한 증거는 끝내 얻지 못했습니다. 그렇게 라슬로 알마시의 2차 원정은 소규모의 성과만 올린 채 막을 내립니다.

1939년, 알마시는 제르주라 추적과 탐험 이야기를 담은 『미지의 사하라Unbekannte Sahara』라는 책을 출간합니다. 이 책에는 당시 원정대가 수색했던 곳의 실제 위치와 지명, 지도 등이 포함되어 있었는데요. 이후의 여러 탐험가에게 지침서로도 쓰였으나 현재까지도 제르주라의 실체는 드러나지 않고 있습니다.

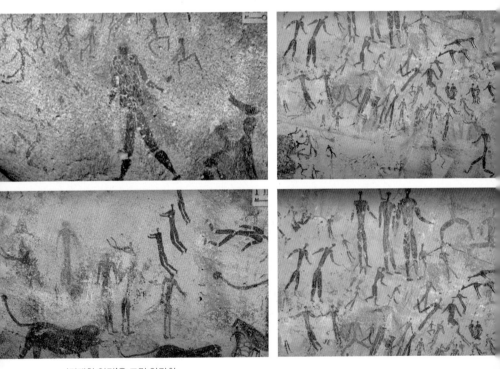

'거대한 인간'을 그린 암각화.

진실은 어디에 있을까?

수백 년간 수많은 탐험가가 찾아 헤맨 제르주라. 일부 고고학 전문 가들은 "제르주라는 실재하지 않는다"라며 회의적인 반응을 보였습니다. 제르주라를 다룬 문헌들이 하나같이 이곳을 가상의 낙원을 그리듯 묘사하고 있다는 점을 들면서요. 사막 한가운데에서 그 정도의 풍요를 누렸던 고대 도시는 비교할 대상을 찾기가 힘들기도 합니다.

또 다른 의견도 있습니다. 몇몇은 "제르주라는 이미 발견되었다"라고 주장했습니다. 그들이 지칭하는 곳은 리비아 동부 지역의 도시 키레나이카Cyrenaica에 있는 쿠프라 오아시스Kufra Oasis인데요. 쿠프라는 고대 아랍어로 '진실을 숨기는 사람들'이라는 뜻입니다. 일각에서

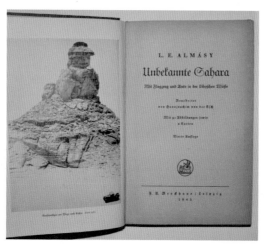

『미지의 사하라』 도서 표지.

프리드리히 게르하르트 롤프스가 그린 쿠프라 오아시스 목판화.

는 그들이 숨기고 있는 진실이 전설 속 제르주라에 관한 비밀이라고도 했고요. 실제로 1879년, 독일의 지리학자이자 탐험가였던 프리드리히 게르하르트 롤프스Friedrich Gerhard Rohlfs가 남긴 쿠프라 오아시스 목판화를 보면 흰색의 건물들이 묘사된 도시를 볼 수 있습니다. 쿠프라는 옛날부터 야자수가 많기로 유명했습니다. 야자수는 제르주라를 언급하는 문헌에도 자주 등장하는 나무이고요. 그렇다면 사하라 사막의 숨겨진 도시 제르주라는 쿠프라 오아시스를 가리키는 것일까요?

프리드리히 게르하르트 롤프스.

제르주라는 여전히 사하라 유일의 미발견 장소입니다. 검은 거인들이 지키는 백색의 도시이자 새들의 오아시스라고 불렸던 고대 도시는 실존했을까요? 아니면 모든 건 사막의 신기루에 불과한 것일까요?

쿠프라는 리비아 남동쪽에 있는 오아시스 지대다.

기묘한 밤 영상

거인들이 입구를 지키고 있다는 사하라 사막의 잃어버린 도시 '제르주라'

실체는 모호하지만, 그래서 더 매력적으로 다가오는 미스터리한 고대 도시들. 지도 위의 흔적을 따라가는 무모한 여정이 아닙니다. 인류의 역사 속에 파묻힌 꿈과 이야기, 그리고 신화를 거슬러 올라가는 위대한 모험이라고 부를 만하죠.

이번 장에서 우리가 함께 살펴본 도시들이 실제로는 존재하지 않는 상상의 산물이라고 해도 괜찮습니다. 우리에게 이미 값진 교훈을 남겨 주었으니까요. 지식을 추구하는 여정 자체가 때로는 목적지에 이르는 것보다 더 중요하다는 가르침이죠.

고대인들의 상상력과 창조력은 숱한 세월을 넘어 현재에까지 닿았습니다. 지금의 우리에게 끊임없이 질문을 던지며 새로운 목표를 깨우쳐 주고 있습니다. 따라서 그들의 이야기는 아직도 끝나지 않았습니다.

인간은 얼마나 멀리까지 상상하고 또 탐험할 수 있을까요? 과거를 돌아보고자 하는 우리의 순수한 욕망은 절대 멈추지 않을 겁니다. 더 많은 비밀과 미스터리를 발견하기 위한 무한한 여정은 끝없이, 늘 새로운 모험으로 우리를 이끌 테죠.

고대 도시 속 미스터리의 흔적들과
함께 보면 좋을 기묘한 밤 콘텐츠

 1 인류 역사를 뒤집어 버린 1만 3천 년 전
초고대 유적지 '본쿠클루 탈라'

 2 가뭄으로 발견된 호수 밑에 숨겨져 있던
3천400년 전 고대 왕국

 3 과테말라의 정글 속에서 발견된 거인의 머리와
초고대 문명의 흔적

 4 세계에서 가장 오래된 지도에서 발견된
고대 해상왕국의 흔적

 5 사막을 횡단하던 5만 명의 군대가 흔적도 없이
사라진 충격적인 이유

✦ 동위원소 연대 측정법

원자 내 양성자 수가 같아 화학적 성질은 같지만 질량이 다른 원소를 동위원소라고 한다. 이 동위원소 가운데 물리학적으로 불안한 원소는 알파입자(헬륨핵), 베타입자(전자), 감마입자를 내놓고 붕괴하여 안정한 원소로 바뀐다. 이때 붕괴 전의 원소를 모_母원소, 붕괴 뒤의 원소를 딸원소라고 한다. 모원소와 딸원소의 비율을 측정하여 물질의 생성 연대를 알아내는 방법이다.

✦ 몰약沒藥, myrrh

고대 이집트에서 미라를 만들 때 사용했던 방부제의 원료가 되는 식물이다. 향은 좋지만 쓴맛이 나 주로 약재로 쓰인다. 고대 중국에서는 출혈을 막는 데 쓰였으며, 호흡기 질환 치료에도 사용했다. 약간의 진통 효과도 있는 것으로 알려져 있다.

✦ 엘도라도El Dorado

'황금으로 된 것'이라는 뜻으로, 남미에 존재한다고 믿었던 황금이 가득하다는 도시에 관한 전설이다. 대항해 시대 때 서구의 여러 모험가가 찾고자 했지만 전부 실패로 돌아갔다. 그 결과 엘도라도는 실재하지 않는다는 결론이 내려졌다. 반면에 프란체스코 피사로의 잉카 제국 정복 당시 잉카 제국이 많은 금은을 소유했고, 북아메리카에서는 대항해 시대가 끝난 뒤 금광이 터졌다. 이에 일부는 엘도라도는 실제로 존재했다고 주장한다.

3
우주의 소리

 지금 이 순간에도 울려 퍼지고
있는 충격적인 우주와 행성의
소리 28가지

Y의 픽

나는 단순한 사람이라 내 눈에 보이고 내 귀에 들리는 것만 믿는 편이다. 우주는 '허상의 공간' 정도로 여겨 왔다. 그래서 외계 생명체, UFO 등을 일부러 멀리했는지도 모르겠다. 그런 내 생각을 '우주의 소리'가 완전히 뒤집어 놓았다. 우주에도 소리가 있다는 생각은 한 번도 해본 적 없었다. 그래서인지 영상을 제작하면서도 여러 가지 복잡한 마음이 들었다. 내가 느낀 오싹하기도, 신비롭기도, 감동스럽기까지 한 감정을 생생하게 전달하기 위해 최선을 다해 편집했다. 요즘도 나는 잠이 안 오는 밤이면 침대에 누워 이어폰을 꼽고 기묘한 밤의 우주의 소리 영상을 듣는다. 광활한 우주 속 한없이 작은 '창백한 푸른 점'과 그 속에 먼지처럼 작은 존재이면서도 무한한 가능성을 지닌 '우리'. 우리가 언젠가는 소리를 넘어 우주의 비밀을 다 풀 수 있을까?

아틀란티스 잃어버린 대륙의 시조

아틀란티스의 후보지-미지의 땅을 향하여

아틀란티스의 생존자-신의 피를 물려받은 이들

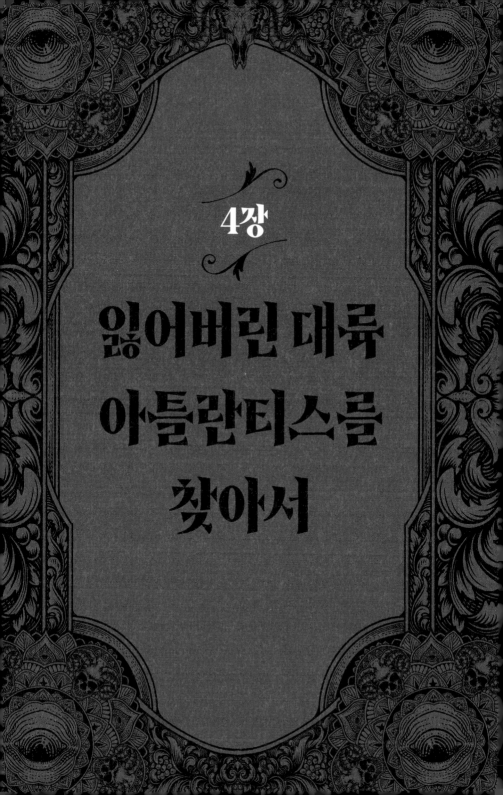

4장

잃어버린 대륙 아틀란티스를 찾아서

아틀란티스, 이름만 들어도 마음 한쪽이 설레는 이 신비로운 대륙은 오랜 세월 우리의 상상력을 자극해 왔습니다. 고대 그리스의 철학자 플라톤 의 기록 이후, 아틀란티스는 잃어버린 이상향이 자 인류의 깊은 호기심과 탐구 정신을 반영하는 상징이 되었죠. 이번 장에서는 아틀란티스를 다 각도로 추적해 보며 어째서 이 전설적인 대륙이 오늘날까지도 많은 이의 마음속에 생생하게 살아 숨 쉬는지 탐구하고자 합니다.

오래전에 존재했던 찬란하고 아름다운 문명, 그 리고 이것이 사라지는 과정은 많은 것을 시사합 니다. 우리가 살아가는 세계에 대한 이해를 넓히 는 길이자 아틀란티스가 전 세계의 문화에 끼친 영향을 간접적으로나마 체험해 볼 수 있는 기회 이기 때문이죠.

흥미로운 가설들이 때론 명확한 근거에 의해 깨 지더라도 그것 또한 필요한 순서입니다. 시행착 오를 거치며 재구성해 보는 과거는, 시간을 거슬 러 미래를 그리는 원동력이 되어 줄 테죠. 미지 의 세계를 탐험하는 웅대한 여정에 초대합니다.

1   아틀란티스

**잃어버린
대륙의 시초**

고대의 해상 낙원

두 눈이 부실 정도로 아름답고 풍
요로운 곳. 두 개의 땅과 세 개의 물
이 흐르며, 무성한 초목으로 둘러싸
인 커다랗고 둥근 도시. 아틀란티
스Atlantis는 기원전 4세기에 작성된

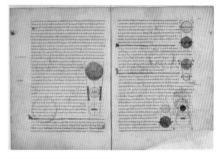
라틴어로 쓰인 『티마이오스』.

대화록 『티마이오스Timaios』와 『크리티아스Critias』에 처음 등장합니
다. 저자인 고대 그리스의 철학자 플라톤은 자신의 시대로부터 9천 년
전, 지금 우리로부터는 1만 1천 년도 더 전에 존재했던 고도로 발달한
해상도시에 관한 이야기를 꺼냈는데요. '헤라클레스 기둥 너머'에 위

치했다고 전해지는 이곳은 고대 그리스의 국
가 형태였던 도시국가의 가장 완벽한 모습을
보여 주었다고 합니다.

한때 저 바다 바깥에는 배로 항해하여 닿을
수 있는 곳이 있었다. 리비아와 아시아를 합
친 것보다 더 거대한 이 섬은 들어가기 어려
운 낙원의 입구와도 같은 곳이었다. 그 너머
에 있는 바다야말로 진실로 대양이라고 불
릴 만한 바다였으며 그곳을 에워싸고 있는
대륙이야말로 진정한 의미의 대륙이라고

고전기 헬라스 철학을 대표하는 플라톤.

할 수 있는 땅이었다. 이 섬, 아틀란티스에는 크고 놀라운 권세를 가
진 왕들의 연맹체가 존재했으며 이들은 아틀란티스뿐만이 아니라
주위의 크고 작은 섬들을 지배했다.

- 『티마이오스』 중

아틀란티스는 말 그대로 낙원, 이상향, 유토피아였습니다. 거대한
궁전이 위치한 중앙부, 이를 둘러싸듯 휘감은 원형의 운하, 그리고 금
은 같은 값비싼 귀금속으로 치장한 사람들까지. 고도의 기술력과 문
화를 자랑한 명실상부 제일의 강대국이었습니다. 하지만 그들의 찬란
한 역사는 차츰 어두운 빛으로 물들기 시작하는데요. 플라톤의 저술

에 따르면 바다의 신 포세이돈의 피를 이어받은 아틀란티스 사람들은 신과 인간의 혼혈이었습니다. 덕분에 평범한 인간이 가질 수 없는 능력을 지니고 있었으나 세대를 거듭할수록 신적인 면모를 잃어버리고 탐욕의 늪에 빠지고 말았죠. 인간의 욕망은 끝이 없어 마침내 자신들이 섬기던 포세이돈을 넘보는 지경에 이르렀습니다. 결국 신의 노여움을 사게 된 아틀란티스인들은 그들의 찬란하고 아름다운 문명과 함께 끝을 알 수 없는 깊은 바닷속으로 가라앉습니다.

서구에서 아틀란티스는 모험 및 대항해 시대에 커다란 영향을 미쳤다. 그만큼 아틀란티스를 상상하여 그린 이미지도 많다.

아틀란티스 상상도.

아틀란티스가 1만 년간 잊히지 않은 이유

아틀란티스에 관한 기록들은 『티마이오스』와 『크리티아스』에 상당
부분 의존합니다. 플라톤은 이 땅을 시인이자 정치가였던 솔론Solon으
로부터 전해 들은 내용에 기초하여 저술했습니다. 솔론의 6대손이 플

라톤이라 둘 사이에도 상당한 시간 차이가 있으나 솔론 또한 이집트 성직자를 통해 건너 들었기에 결국 아틀란티스는 아주 오랜 시간에 걸쳐 입에서 입으로 전해졌다고 여기는 편이 타당할 수 있습니다.

시인이자 뛰어난 정치가였던 솔론.

1만 년이 훨씬 더 지난 현재까지도 아틀란티스가 힘을 잃지 않은 데에는 다양한 이유가 있습니다. 그중 풍요를 누리던 강대한 섬이 신의 진노로 하루아침에 침몰했다는 이야기가 여러 예술가에게 영감을 주었는데요. 고대에서 근대에 이르기까지 얼마나 많은 작품에 신이 등장했는지를 떠올려 보면 쉽게 수긍이 갑니다. 하지만 현대에 들어 아틀란티스가 다시금 주목받은 것은 "전설이 아닐 수도 있다"라는 의구심, 물음, 그리고 사라지지 않

영화 《트로이》에 사용된 말. 촬영 후 현재는 튀르키예 카나칼레에 있다.

은 바람에서 비롯됩니다. 긴 시간 현실성 없는 신화 혹은 전설로 여겨지다가 기술의 발전 덕분에 뒤늦게나마 실재한 역사임이 밝혀진 사례는 제법 많습니다. 대표적으로 트로이Troy를 들 수 있는데요. 호메로스의 『일리아스』와 『오디세이아』에서는 '일리오스'라고 불렸던 이곳은 모두가 신화의 조각이라고 여겼습니다. 하지만 1870년에 독일 고고학자 하인리히 슐리만Heinrich

하인리히 슐리만.

Schliemann이 발굴하면서 실재함이 밝혀졌습니다. 여기 더하여 세계 곳곳에서 아틀란티스 후보지들이 등장하며 미스터리 마니아와 대중만이 아니라 학자 집단도 이전과는 다르게 보다 진중한 자세로 살펴보기 시작합니다.

크레타 섬과 미노스 문명

1900년에 고고학계는 시끌벅적했습니다. 하인리히 슐리만과 영국의 고고학자 프랭크 캘버트Frank Calvert가 신화로 여겨지던 트로이 유적을 발굴해 냈기 때문이었습니다. 이 위대한 발견에 흥분한 또 한

프랭크 캘버트.

명의 영국 고고학자 아서 에번스Arthur Evans는 자신도 두 사람처럼 신화를 역사로 바꾸고 싶다는 목표를 갖고 크레타 섬으로 향합니다.

아서 에번스.

에번스는 그리스 신화에 등장하는 그리스 최초의 문명, 미노스 문명이 크레타 섬 어딘가 존재할 거라 믿었습니다. 그리고 여러 가지 지형 요소를 고려해 본 다음, 크노소스 지역을 발굴해 보기로 합니다. 물론 고대 유적 발굴이라는 원대한 여정은 결코 쉽지 않았습니다. 작업은 3년이나 이어졌죠.

그러던 어느 날이었습니다. 발굴 작업 중 궁전의 터로 보이는 커다

아서 에번스가 발굴한 유물들.

란 흔적이 발견됩니다. 이것이 미노스 문명의 유적일 것 같다는 확신을 가진 에번스는 작업에 박차를 가했습니다. 그렇게 거대한 궁전 터의 일부를 찾을 수 있었는데요. 신화가 현실로 바뀌는 역사적인 순간이었죠. 크레타 섬은 본래 문명이 존재하지 않았다고 여겨졌습니다. 이렇게 되면 모두가 불모지라고 치부했던 곳이 사실 과거에 찬란한 문명이 꽃피웠던 섬이라는 말이 되는데요. 결론적으로 에번스가 발굴한 것은 '미노스 문명'이 맞았습니다. 고고학계는 발칵 뒤집혔습니다. 이후 과거 크레타 섬의 문명이 종말하게 된 원인을 두고 다양한 가설이 쏟아지죠.

크레타 섬은 화산 폭발로 발생한 거대한 해일 때문에 멸망했다.

– 고고학자 스피리돈 마리나토스Spyridon Marinatos

그리스의 고고학자 스피리돈 마리나토스는 크레타 섬의 멸망이 산토리니 섬에서 발생한 화산 폭발에서 비롯되었다고 주장했습니다. 기원전 1600년경, 크레타 섬의 북쪽에 있는 산토리니 섬에서는 거대한 규모의 분화가 일어났는데요. 그 여파로 발생한 해일이 크레타 섬을 덮쳤다는 거죠. 화산 폭발이 원인이 되어 발생한 진동은 섬의 건축물들을 파괴했

스피리돈 마리나토스.

을 뿐만이 아니라 거리를 불구덩이로 만들었습니다. 메가톤급 해일이 섬의 북쪽 연안을 강타하며 동시에 지진도 발생하여 하루아침에 문명이 끝을 맞이했다고 마리나토스는 설명했습니다.

실제로 크레타 섬에서 화산재가 섞인 퇴적물, 대규모 해일 피해의 흔적이 발견되며 그의 가설에 더욱 힘이 실립니다. 한 가지 더 흥미로운 점은 이것이 플라톤이 언급한 아틀란티스의 멸망 과정과 굉장히 흡사했다는 데 있는데요. 세간에는 크레타 섬이 아틀란티스가 아니냐는 소문이 돌죠.

아틀란티스와 미노스 문명은 공통점이 많습니다. 모두 정교한 예술, 건축, 사회 조직을 이루었으며 발전된 문명을 자랑했습니다. 플라톤이 언급한 아틀란티스의 '지배적인 해상력' 또한 지중해 전역에서

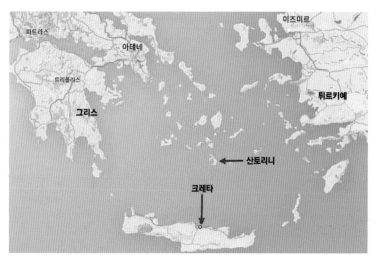

그리스 크레타와 산토리니.

광범위한 무역을 전개했던 미노아 문명과 연관 지을 수 있죠. 다른 공통점은 황소 숭배 문화입니다. 플라톤의 기록에 따르면 아틀란티스인들은 신에게 올릴 제물로 황소를 바칠 때 무기를 사용하지 않고 오로지 몽둥이와 매듭만으로 죽였다고 합니다. 그리고 크레타인들이 즐기던 운동 중에는 맨몸으로 황소와 대적하면서 그 위에 올라타는 경기가 있었죠. (목숨을 걸고 하는 위험한 경기였을 테지만요.)

크레타 섬에서 발견된 건물에 그려진 벽화 또한 다른 고대 문명과 확연한 차이를 보여 줍니다. 꽃을 따는 아이, 행복해 보이는 가정 등과 같은 일상의 소소함을 그려 넣은 벽화는 미노스 문명이 암울하고 딱딱한 절대 권력 국가가 아닌, 진보하고 문명화된 사회였음을 알려 주었

황소와 대적하는 인간의 모습이 새겨진 벽화.

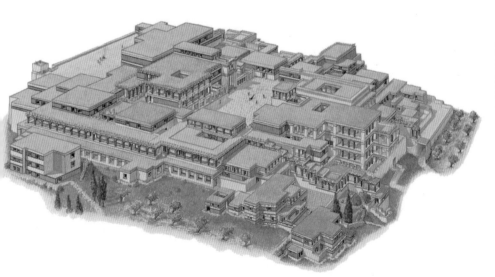

미노스 문명은 그리스 청동기의 문명이다.

죠. 도시에서 발견되는 유물들의 출처가 전 세계를 아우르고 있었다
는 점은 더욱 놀랍습니다. 이집트의 고대 유물, 원숭이가 그려진 그림
등이 발견되며 옛 크레타인들이 아프리카 곳곳과 교류했다는 사실이
드러났는데요. 아틀란티스를 다룬 문헌 기록과도 상당 부분 부합합니
다. 아틀란티스는 이집트와 직접 교류하며 고대 이집트 문화에 큰 영
향을 끼쳤다고 알려져 있습니다. 크레타 섬에 남아 있는 인류의 흔적
은 9천여 년 전으로 올라가는데요. 그래서 크레타에서 유럽 최초의 문

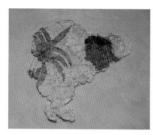

미노스 문명의 유물들.

명이 발생했다는 주장도 있습니다. 먼 옛날, 해일로 부서져 버린 미노스의 다른 이름이, 어쩌면 아틀란티스는 아니었을까요?

산토리니가 아틀란티스일 가능성은?

그리스의 지진학자 안젤로스 갈라노풀로스Angelos Galanopoulos는 산토리니가 아틀란티스였을 수도 있다고 말합니다. 갈라노풀로스는 플라톤이 언급한 아틀란티스 관련 수치들이 정상 범주를 한참 벗어났다는 점을 지적했는데요. 플라톤의 기록이 전승되는 과정에서 후대인들이 원래 기록된 숫자에 '0'을 하나 더 붙이는 치명적인 오류를 범했다는 거죠. 이로 인해 100을 나타내는 수치들이 그것의 10배인 1,000으로 작성되어 현대까지 전해졌다는 말입니다.

갈라노풀로스의 주장에 따라 수치를 새로이 정립하면 비정상적으

산토리니는 아름다운 풍광으로 유명하다.

로 넓었던 아틀란티스의 둘레와 운하는 정상 범주에 듭니다. 결과적으로 섬의 규모 또한 크게 줄어들고요. 그렇게 줄어든 크기를 산토리니 섬의 옛 모습에 대입하면 수치가 일치한다는 거죠. 아틀란티스가 번영했던 시기 또한 플라톤으로부터 9천 년 앞선 게 아닌, 0이 하나 빠진 900년이 되면 미노스 문명의 번영 시기와 정확히 들어맞습니다. 학자들 사이에서 이에 대해 진중한 이야기가 오갔으나, 어디까지나 숫자를 오해했다는 전제를 성립한 다음의 가설이라 논란은 계속되고 있습니다.

기묘한 밤 영상

아틀란티스일 확률이
가장 높은 섬

2   아틀란티스의 후보지

미지의 땅을 향하여

인도 캄베이 만

아틀란티스는 어디에 있었을까요? 후보지로 거론되는 장소는 많습니다. 그중 인도양에 위치한 캄베이 만Cambay 灣을 빼놓을 수 없습니다. 그리스가 있는 대서양이 아닌 멀리 인도양에 아틀란티스가 있었다는 말에 의구심과 호기심이 동시에 드는 게 당연합니다. 이 주장의 근거는 무엇인지 알아보겠습니다.

켐베이 만 위치.

2001년 5월, 인도의 국립해양기술원 연구 팀은 바다 오염도를 측정하고자 인도 서부에 위치한 구자라트Gujarat 주 캄베이 만 인근의 해저를 조사하고 있었습니다. 수중 음파 탐지기인 소나Sonar를 활용하여 해저를 탐색하던 이들은 수심 40미터 아래에 기하학적 지형이 존재함을 발견하는데요. 곧바로 추가 탐사가 이루어졌고, 캄베이 만 아래에서 발견된 지형은 자연 현상으로는 만들어질 수 없는 도시의 유적이라는 사실이 밝혀집니다.

얼마 후인 5월 19일에 인도의 인적자원·해양개발 장관 무리 마노하르 조시는 인도 바다에서 고대 문명의 흔적이 발견되었다는 내용을 발표했습니다. 뒤이어 연구 팀이 촬영한 사진들도 공개되었는데요. 기둥, 조각상 등 수십 개가 넘었습니다.

인도 정부는 해양 고고학 분야의 권위자인 시카리푸라 라오Shikari-pura Rao를 책임자로 세우고, 100여 명으로 이루어진 전문 탐사 팀을 파견하여 본격적인 조사에 나섰습니다. 그렇게 드러난 캄베이 만 유적의 실체는 생각 이상으로 굉장했는데요. 바다 밑에서 발견된 수중도시의 길이는 9킬로미터에 달했습니다. 그리고 댐, 전망대, 식량 저장고, 공중목욕탕 등 도시라는 이름에 어울리는 각종 시설과 건물의 잔해 또한 발견되었습니다. 주거지로 추정되는 지하실에는 하수도 시설까지 갖추었고요. 이것만이 아닙니다. 도자기와 조각상, 보석 같은 2천 점이 넘는 유물이 나오는데, 가장 신비로운 것은 단연 '문자가 새겨진 석판'이었습니다. 이 고대의 도시가 문자가 통용되던 문명화된

인도 발굴 팀이 촬영한 사진들.

사회였음을 말해 주는 확실한 증거였기 때문이죠. 다만 석판에 새겨
진 문자는 모양과 패턴이 너무나 생소하여 기원을 찾을 수 없었습니

다. 인도 외에도 전 세계의 고대
문명들과 대조해 보았으나 어느
것 하나 일치하지 않았습니다.

　유적의 생김새는 언뜻 4대 문명
발상지인 인더스 문명의 하라파
Harappa 유적과 흡사한 듯 했습니

인도 발굴 팀이 찾은 '문자가 새겨진 석판'.

다. 오늘날의 파키스탄 펀자브Punjab 지방입니다. 인더스 문명은 기원전 2500년경에서 기원전 1500년경에 인더스 강 유역에서 번성한 인도 최초의 문명입니다. 그중 하라파는 후기 인더스 문명을 대표했던 도시로, 문화 중심지 역할을 하던 곳이죠. 캄베이 만은 인더스 문명의 영향권에 포함된 지역이라 이곳에서 발굴된 물건들이 하라파 유적과 닮아 있다는 사실은 충분히 납득할 수 있습니다. 이에 연구 팀은 머나먼 인더스 문명에서 파생된 도시가 지진이나 해일 따위의 자연재해로 바다 밑으로 가라앉았으리라 추정했는데요.

이어진 탄소 연대 측정 결과는 고고학계를 충격에 빠뜨리기 충분했습니다. 인더스 문명의 중심지였던 하라파는 기원전 2500년경에 번성한 도시였기에 연구 팀은 캄베이 만 유적의 연대 또한 비슷한 측정치를 보이리라 예상했습니다. 하지만 결과는 추정치를 훨씬 벗어나 있었

파키스탄 펀자브에 있는 암리차르 황금 사원.

고대 아시리아 군인.

습니다. 캄베이 만 유적에서 발견된 유물들의 연대가 기원전 7500년
으로 밝혀졌기 때문인데요. 예측치보다 무려 5천 년을 더 앞섰죠. 시
간의 정도가 문제가 아닙니다. 그간 고고학계 정설인 '역사상 가장 오
래된 도시 문명'은 기원전 5000년경의 수메르 문명이었는데요. 이보다
2천500년을 앞선 문명이 존재했다는 게 됩니다.

　캄베이 만 유적의 발견으로 역사는 처음부터 다시 쓰이는 걸까요?
학계는 물론이고 다양한 분야의 전문가들이 캄베이 만 유적에 대한
온갖 가설을 펼치기 시작했습니다. 그중 영국의 작가인 그레이엄 핸
콕Graham Hancock은 캄베이 만 유적지가 인도 고대 전설에 등장하는
'7사원'일 것이라고 주장했습니다.

먼 옛날에 아름답고 커다란 도시가 있
었다. 도시의 아름다움을 질투한 신이
홍수를 일으켰고, 도시에 존재하던 7개
의 사원 가운데 6개가 파괴되어 단 1개
의 사원만 남게 되었다. 세월이 흐른 뒤,
그 사원마저 바다로 침몰하여 자취를
감추고 말았다.

그레이엄 핸콕.

핸콕은 캄베이 만 유적이 인도 전설에서 마지막으로 남아 있던 초고
대 사원이며, 바다에 가라앉으면서 역사에서 잊히고 말았다고 했죠.
학자들은 사원이라고 칭하기에는 캄베이 만 유적이 너무나도 광활한
면적을 가지고 있다며 핸콕의 주장을 반박했습니다. 하지만 사원의
수는 총 7개라고 하니 이들을 모두 합하면 충분히 도시로 부를 만했습
니다.

인도 델리 대학 소속 고고학자 나야니트 라히니는 캄베이 만이 아틀
란티스일 가능성이 있다고 주장했습니다. 증거로 인도의 고서적『비
마니크 쁘라카라남Vymanika Prakaranam』을 제시했는데요. 이 저술은 고
대 산스크리트어로 쓰인 서사시의 필사본으로 추정됩니다. 원본은 인
도의 현인 바라드바자를 통해 전해졌다고 하죠. 이 책에는 지금도 해
석이 안 되는 구절이 하나 있는데, 정체불명의 대륙 '아틀란티나'에 대
한 기록이었습니다.

인도 아그라에 위치한 무굴 제국의 대표 건축물 타지마할.

어느 날 갑자기 하늘에서 거대한 굉음과 함께 번개가 치면서 불덩이가 떨어져 내렸다. 아틀란티나에 커다란 폭발이 일었고, 이로 인해 발생한 열과 바람으로 도시는 재로 변했다. 결국 아틀란티나는 바다로 가라앉아 형체를 찾아볼 수 없게 되었다.

라히니 교수는 이 구절이 전설 속 유토피아인 아틀란티스와 관련된 내용이고, 아틀란티나가 캄베이 만 유적을 지칭한다고 했습니다. 또한 그녀는 플라톤이 기록한 아틀란티스 멸망 과정이 인도 고서에 서술된 아틀란티나의 최후와 흡사하다고 했는데요. 묘사를 들어 보면 대규모 화산 폭발과 닮아 있습니다.

전문가들은 플라톤이 명시한 아틀란티스의 멸망 시기와 캄베이 만 유적의 번성 시기는 최소 3천 년의 차이를 보이며, 설령 시기가 얼추 맞다고 해도 대서양이 아닌 인도양에 아틀란티스가 있었다는 것은 받아들이기 힘든 주장이라고 했습니다. 이에 대해 라니는 문헌에 기록된 아틀란티스에 대한 모든 수치는 전부 추정에 불과하다고 반박했습니다. 아틀란티스가 번성하고 멸망한 시기, 그리고 위치는 우리의 예상 밖일 확률이 높다고 말했죠. 또 이것이 여전히 아틀란티스를 발견 못 한 이유이고요. 지금도 진행 중인 캄베이 만 발굴 작업이 자신의 모든 비밀을 우리에게 보여 줄지는 더 기다려 봐야 할 듯합니다.

쿠바

2001년 12월, 영국 BBC 뉴스에 "쿠바 해저에서 잃어버린 도시가 발견되다!"라는 제목의 기사가 보도됩니다. 쿠바 피나르 델 리오Pinar del Rio 지역의 과나하카비베스Guanahacabibes 반도 연안에 수중도시의 흔적이 있다는 내용이었습니다. 캐나다 탐사 회사 ADCAdvanced Digital Communications의 소유주 폴 바인즈바이크와 해양 엔지니어였던 그의 아내 폴린 잘리스키는 소나로 바닷속을 스캔하던 중 수심 700미터 아래에서 대칭을 이루는 돌 블록을 발견합니다. 쿠바 정부와 협력하여 조사를 이어 간 부부는 더욱 놀라운 사실을 얻는데요. 부부가 찾은 건 특이한 돌덩이가 아니었습니다. 화강암으로 구성된 거대한 돌 블록들

과 피라미드, 원형의 구조물 등으로 이루어진
단지는 분명 도시의 증거였습니다.

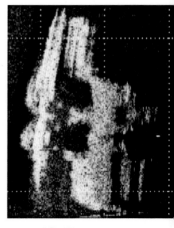

> 쿠바 해저 밑에 수중도시가 있는 게 사실이
> 라면 빙하기 말에 해수면 상승에 따라 가라
> 앉은 고대 도시일 가능성이 높다.
>
> – 해양학자 아클레인

폴 부부가 촬영한 이미지.

해양 전문가 로버트 클레인Robert Klein(별칭
은 아클레인)은 카리브해 주변의 지질학적 특성
을 예로 들면서 빙하기 전후로 쿠바 인근 해역에서 수직 침강이 발생
했을 가능성이 높다고 말합니다. 빙하기 전후로 이곳 해수면은 120여
미터의 차이가 있다고 추정되죠. 그러던 중 영국의 저술가인 앤드류
콜린스Andrew Collins에 의해서 또 하나의 주장이 제기됩니다. 수중도
시의 유적이 발견된 쿠바 섬 자체가 잃어버린 아틀란티스라는 것인데
요. 앤드류는 자신의 저술 『아틀란티스로 가는 길Gateway to Atlantis』에
서 크게 세 가지 근거를 들었습니다.

우선 플라톤이 『크리티아스』에서 언급한 "리비아와 아시아를 합친
것보다 큰 대륙"이라는 문장에 해석의 오류가 있을 수 있다고 지적했
습니다. 그리스어의 '보다 큰'이라는 단어는 '중간에'라는 단어와 유사
하기 때문인데요. 이를 근거로 '리비아와 아시아 중간에 있었던 대륙'

이라고 다르게 해석했죠. 앤드류는 리비
아와 아시아 중간에 위치한 카리브해역
에 있는 섬들을 추렸습니다. 그 결과 쿠바
를 가장 유력한 아틀란티스 후보지로 선
정했습니다.

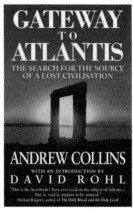

거대한 산맥이 서늘한 북풍으로부터 아
틀란티스의 대평원을 보호했다.

앤드류 콜린스가 쓴 『아틀란티스
로 가는 길』.

그는 『크리티아스』에 나오는 위의 문장
에 나오는 거대한 산맥이 바로 쿠바의 과니과니코Guaniguanico 산맥을
일컫는다고 했는데요. 매해 겨울 북쪽의 한랭전선이 쿠바 대륙으로
향하는데, 과니과니코 산맥이 이를 매우 효율적으로 막아 주기 때문
입니다.

앤드류는 오래전부터 구전되어 온 신화에서도 근거를 찾았습니다.

뱀의 사람들이 동쪽의 아스틀란에서 건너와 7개의 동굴에 오두막을
짓고 살았다.

앤드류는 멕시코의 뱀의 사람 신화에 언급된 '아스틀란'이 아틀란
티스와 어원이 같은 지역이라며, 7개의 동굴 중 하나는 푼타델에스테

Punta del Este 인근이리라 주장했습니다. 기이한 모양의 벽화가 많기로 유명한 곳인데요. 학자들은 특이한 모양의 벽화들은 고대인이 혜성彗星을 보고 남긴 기록일 가능성이 크다고 했죠. 라틴 아메리카 지역의 고대인들은 하늘에서 떨어지는 혜성을 '불의 뱀'이라고 부르곤 했습니다. 대기의 마찰로 불타 떨어져 내리는 모습이 거대하고 붉은 뱀처럼 보여서입니다.

운석 충돌로 인한 지각 변동도 아틀란티스의 유력한 멸망 원인 중 하나로 꼽힙니다. 카리브해 일대에서 운석의 충돌 순간에 대기 중에 분출되는 용해된 바위 조각이 다량으로 발견된다는 사실은 우리의 흥미를 배가시킵니다. 앤드류의 주장이 설득력을 갖기에는 아직 부족한 점이 많아 보이나 그것의 실체가 현대인의 상식을 뛰어넘을 가능성은 농후합니다.

 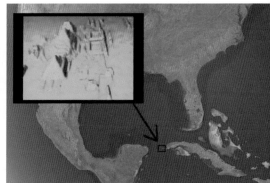

스캔 이미지를 토대로 해석한 쿠바 수중도시 가상도.

리차트 구조

2018년 9월. 아틀란티스 대륙에 관한 또 다른 가설이 등장합니다. 주인공은 리차트 구조Richat Structure인데요. '사하라의 눈' 혹은 '지구의 눈'이라고도 불리는 이 지형은 아프리카 사하라 사막의 서쪽, 아프리카 북서부 대서양 연안에 위치한 나라인 모리타니Mauritania에 있습니다. 우주에서 봐야 확인이 가능할 정도로 어마어마한 규모를 가지고 있는 것으로도 유명합니다. 사하라의 눈은 자연적으로 생겨났다기에는 상당히 인위적인 모습입니다. 학자들은 제일 먼저 운석 충돌과 화산 폭발 가능성을 살펴보았는데요. 운석공孔은 중앙부의 강한 타격흔과 더불어 충격파로 주변에 돔 형태의 충돌흔이 생성되는 게 보통이죠. 반면에 사하라의 눈은 중앙과 그 주변이 모두 일관되게 평평했습니다. 여기에 더해 운석 충돌 시 발생하는 변성암도 발견되지 않았는데요. 화산 폭발이라고 보기에도 지형이 융기해 있는 일반적인 화산과는 다른 형상을 보였으며, 폭발 지형 부근에 필연적

리차트 구조.

모리타니 동부의 왈라타 유적지.

으로 발생하는 화산암 또한 관찰되지 않았죠.

　그러자 새로이 등장한 가설이 아틀란티스였습니다. 그리스에서 갑자기 아프리카라니 허무맹랑하게 들릴 수도 있겠지만 여기에는 신빙성 있는 증거들이 존재합니다. 우선 외형입니다. 플라톤의 설명대로 그려 본 상상도와 사하라의 눈은 제법 비슷한 생김새입니다. 사하라의 눈의 파인 곳에 물을 넣으면 '두 개의 땅과 세 개의 물'이 완성됩니다. 북쪽의 거대한 산과, 남쪽에 흐르는 물길 또한 플라톤의 설명과 일치합니다. 크기는 더욱 놀라운데요. 플라톤의 저술을 보면 "아틀란티스는 127스타디아stadia의 길이를 가지고 있다"라고 나와 있습니다. 측량 단위인 1스타디아를 현대식으로 환산하면 약 185미터로, 127스타디아면 23.49킬로미터입니다. 사하라의 눈 직경은 정확히 23.5킬로미

아틀란티스(왼쪽)와 사하라의 눈(오른쪽).

터이고요.

　사하라 사막의 모래와 진흙이 바다에서 유래했다는 사실도 이 가설을 뒷받침해 주었습니다. 사하라가 사막이 된 건 지금으로부터 5천 년 전 즈음이라고 하는데요. 해수면 상승으로 지구의 많은 땅이 바다에 잠겼던 영거 드라이아스Younger Dryas기에 사하라의 눈도 잠겼습니다. 이 때가 약 1만 2천 년 전이니 아틀란티스의 멸망 시기와 맞물리죠. 실제로 사하라의 눈에는 바닷물로 인한 침식의 흔적이나 고대 고래의 화석이 발견되기도 했고요. 지하에 거대한 물줄기의 흔적이 보인다는 연구 결과도 있습니다.

　모종의 이유로 아틀란티스는 가라앉았고, 진흙으로 가로막혀 배로는 접근할 수 없었다.

플라톤의 기록처럼 아틀란티스가 아직 발견되지 못한 이유는 사람들이 아틀란티스를 바다로 한정했기 때문이었을 수도 있습니다. 그렇다면 크레타와 산토리니, 캄베이 만, 쿠바 수중도시, 그리고 사하라의 눈까지. '잃어버린 도시'라는 수식어는 머지않아 옛말이 될지도 모르겠습니다.

Ancient river network discovered buried under Saharan sand

Radar images of the Mauritanian desert have revealed a river stretching for more than 500km and suggest plants and wildlife once thrived there

사하라 지하에 거대한 물줄기의 흔적이 있다는 내용의 기사.

기묘한 밤 영상

실제 아틀란티스라고 의심받는 지역들 TOP 3

쿠바의 바다 밑에서 발견된 초고대 문명의 흔적

바다 밑에서 발견된 고대 도시의 충격적인 사실

3 ＿＿＿＿＿＿ 아틀란티스의 생존자

신의 피를 물려받은 이들

이집트

고대사에서 빼놓을 수 없는 이집트. 그들의 문명은 당시의 지식이라고는 믿기지 않을 정도로 높은 기술력을 바탕으로 만들어졌습니다. 인류의 문명도를 그래프화해 보면 이집트 전성기 때 가파른 상승 곡선을 보인다고 합니다. 이로 인해 "이집트 문명은 외계인이 건설한 것 아니냐" 하고 수근대는 이들도 있습니다. 우스갯소리만이 아닌 게 적어도 몇 백 년은 건너뛴 듯한 이집트의 선진 문명은 너무나 뛰어났고, 주변국들에 큰 영향을 주었기 때문입니다. 누군가는 이렇게 되물었죠. "이집트 문명 역시 어딘가로부터 강한 영향을 받은 건 아닐까?" 맞다면 누구일까요?

오늘날의 이집트 카이로.

    그 후보에 아틀란티스가 있습니다. 이집트와 아틀란티스 사이에는 역사적 연결고리가 있는데요. 고대 그리스의 철학자 플라톤은 조상인 솔론으로부터 전해 들은 아틀란티스의 진위를 확인하기 위해 직접 이집트로 향했죠. 솔론에게 아틀란티스 이야기를 처음 들려준 사람이 이집트 신관이었기 때문입니다. 플라톤은 이집트 신전 기둥에 기록된 아틀란티스 관련 이야기를 목격하기도 했는데요. 사실이라면 이집트는 이미 아틀란티스와 접촉했다는 의미가 됩니다. 플라톤이 꾸며 낸 말이 아니냐고 반문할 수도 있겠으나 그는 사실관계 확인에 철저했습니다. 진위를 알고자 이집트로 간 것만 보아도 짐작이 가죠.

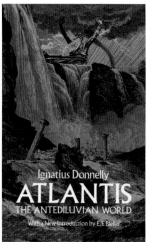

이그나시우스 도넬리(왼쪽)와 도넬리의 저술 『아틀란티스: 대홍수 이전의 세계』(오른쪽).

아틀란티스를 전문적으로 연구했던 미국의 저널리스트 이그나시우스 도넬리Ignatius Donnelly는 1882년에 저술한 『아틀란티스: 대홍수 이전의 세계Atlantis: The Antediluvian World』에서 "이집트 문명이 뛰어난 형태로 완성되어 역사에 등장할 수 있었던 것은 아틀란티스 생존자가 관여되어 있었기 때문"이라고 썼습니다. 다만 여기에는 의문점이 하나 존재합니다. 스핑크스가 지어진 시기는 기원전 3000년경으로 알려져 있는데요. 플라톤에 따르면 아틀란티스의 멸망 시기는 기원전 9600년경이기 때문입니다. 둘 사이에는 6천 년이 넘는 시간 차이가 있죠.

사실 스핑크스가 정확히 언제 건축되었느냐는 학자들 사이에서도

의견이 분분한 주제입니다. 정설은
이집트 고왕국 시대의 제4왕조 4대
파라오인 카프레Khafre 왕이 자신의
얼굴을 본따 만들었다는 것입니다.
하지만 피라미드보다 스핑크스가
먼저 건설되었다는 주장도 끊임없
이 나오고 있습니다.

로버트 쇼흐.

  1990년, 미국 보스턴 대학 소속 지질학자 로버트 쇼흐Robert M.
Schoch는 스핑크스를 조사하던 도중 독특한 흔적을 발견합니다. 아주
오래전에 형성된 대규모의 침식 흔적이었죠. 모래와 바람이 끊이지
않는 사막이라 놀라운 일은 아니었습니다. 조사를 이어 간 쇼흐 박사
는 이것이 사막에서 자주 관찰되는 침식 흔적과는 다르다는 사실을 깨
우칩니다. 스핑크스에 있는 흔적은 모래나 바람이 아닌, 오로지 '물'에
의해서만 생길 수 있는 것이었기 때문입니다.

  이집트 기자 고원은 수천 년 동안 사막이었습니다. 그런데 스핑크
스에는 대량의 물에 의한 침식 흔적이 남아 있습니다. 이를 근거로 로
버트 쇼흐는 스핑크스의 건설 연대가 기원전 10000년까지도 올라갈
수 있다고 주장했습니다.

  고왕국 시대의 다른 건축물들은 바람과 모래에 의한 침식만 보여 준
다. 스핑크스만 다르다. 나는 스핑크스의 가장 오래된 부분이 알려진

이집트 룩소르에 있는 스핑크스 거리.

것보다 훨씬 더 과거라는 결론을 내렸다. 마지막 빙하기가 끝날 때, 대략 기원전 10000년경 사하라에 아주 많은 양의 비가 내렸던 시기라고 말이다.

당연히 학계의 정설을 부정하는 일이 었고, 나아가 인류의 기원 자체에 물음 표를 던지는 말이었습니다.

MIT 소속 과학자인 데이비드 맥기 David McGee 팀은 해저 침전물 분석을 통해 기원전 10000년경의 사하라는 초

데이비드 맥기.

목이 무성한 온난하고 습한 기후였음을 증명했습니다. 사하라는 2만 년을 주기로 건조한 기후와 습윤한 기후가 반복됐죠. 그 증거로 기원전 10000년경 사하라 내륙에는 40제곱킬로미터의 거대한 메가 차드Mega Chad 호수도 있었습니다. 2006년《네이처》자료에 따르면 기원전 5000년까지 수분을 유지하던 사하라는 급격한 사막화를 겪고, 이후 인구가 나일강 유역으로 몰립니다. 나일강을 중심으로 발전한 이집트 선왕조 시기와도 일치하죠. 이뿐만이 아닙니다. 스핑크스는 현대에 완전히 발굴되기 전까지는 항상 모래에 파묻힌 채로 발견되었습니다. 고대 이집트에서도 마찬가지였는데요. 이집트 신왕국 시대 제18왕조 8대 파라오인 투트모세 4세Thutmose IV는 모래에 파묻힌 스핑크스를 꺼내 주고 왕위에 올랐다는 후일담이 있죠. 이 내용은 스핑크스의 양발 사이에 놓인 '꿈의 비문Dream Stele'에도 잘 드러나 있습니다.

투트모세 4세는 별 존재감이 없는 파라오지만 스핑크스를 모래 속에서 꺼낸 일화로 유명하다.

정오, 왕자였던 투트모세 4세는 스핑크스의 머리 그늘 아래에서 쉬던 중 잠에 빠졌다. 그리고 꿈에서 스핑크스가 자신의 입으로 직접 말하는 것을 들었다. 아버지가 아들에게 말하는 것처럼.

"내 아들아, 나를 보아라. 나는 너의 아버지이니 내가 나의 왕국을 너에게 주겠다. 너는 내 눈이 비추는 모든 땅을 통치하게 될 것이다. 그러니 나를 이 모래 속에서 꺼내 다오. 그렇게 해 주면 너를 이집트의 왕으로 만들어 주겠다."

꿈에서 깬 투트모세 4세는 즉시 인부들을 불러 모래에 묻혀 있는 스핑크스를 파냈습니다. 또 스핑크스의 말처럼 파라오에 즉위했고요. 하지만 이후로도 스핑크스는 모래에 묻히고 다시 파헤쳐지기를 반복했죠. 지대가 낮기 때문이었습니다. 모래바람이 부는 한 스핑크스는

스핑크스는 사자의 몸에 사람의 머리가 달린 상상의 동물이다.

계속 파묻힐 수밖에요. 사막에 스핑크스를 건설하려 했다면 끊임없이 들이치는 모래 탓에 공사가 불가능했을 거라는 주장도 일리가 있습니다. 다만 스핑크스가 건설될 당시의 사하라가 사막이 아니었다면 이 주장은 무너지고요. 로버트 쇼흐 박사의 말처럼 푸르른 사하라에는 얼마든지 건설이 가능했을 테니까요.

카프레 왕이 스핑크스를 건설했다는 주장 또한 직접적인 증거가 없어 가능성 높은 추측에 지나지 않습니다. 일부 학자들은 "스핑크스 얼굴이 카프레 왕과 너무 다르다"라며 모델이 카프레 왕이 아니라고 말합니다. 스핑크스와 달리 카프레 왕은 하관이 도드라지지 않습니다. 여기 의문을 가진 미국의 인류학자 프랭크 도밍고Frank Domingo는 1993년, 컴퓨터 그래픽 기법을 통해 둘의 얼굴을 비교, 분석했는데요. 결론은 '완전히 다른 인물'이었습니다. 그러자 스핑크스의 얼굴이 카프레 왕

카프레 왕의 피라미드와 스핑크스.

쿠푸 왕의 아들이자 4대 파라오인 카프레 왕. 이름은 '레처럼 나타난다'는 뜻으로, 마네토의 연대
기에는 수피스 2세라고 적혀 있다.

이전 파라오라는 의견이 대두됩니다.

　이른바 '스핑크스 초고대 문명설'을 촉발한 로버트 쇼흐는 더 과감
한 주장을 펼쳤습니다. 스핑크스의 두텁고 거대한 몸체에 비해 머리

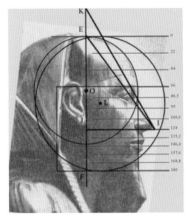

카프레 왕과 스핑크스 얼굴 비교.

가 비정상적으로 작다는 데 의구심을 품은 그는 스핑크스의 머리가 후대에 걸쳐 재가공되었으며, 최초 건설 시에는 사자의 머리였을 거라 했죠. 이집트 고왕국 이전인 선왕조 때의 유물과 벽화에는 사자의 모습을 흔하게 볼 수 있습니다. 이 시기 이집트는 나일강을 중심으로 상이집트와 하이집트로 나뉘어 각기 발전했는데요. 그중 하이집트를 상징하는 동물이자 태양신과 동일시되어 숭배받았던 존재가 사자였습니다.

초록색은 하이집트, 빨간색은 상이집트.

통일 왕조가 등장하기 전인 이집트 선왕조 시대는 기원전 6000년경부터입니다. 사자 숭배 문화가 더 일찍 시작되었다는 설도 있습니다. 사자 숭배와 그에 따른 스핑크스 건설이 고대 이집트의 기원이 되는 초고대 문명에서 비롯되었다는 주장이죠. 덧붙여 쇼흐 박사는 스핑크스가 일반 사자가 아닌 메히트Mehit라고 했는데요. 이집트 신화에 나오는 신 메히트는 암사자로 표현됩니다. 이집트 제1왕조의 파라오 제르Djer의 인장에서도 볼 수 있죠. 쿠푸Khufu 왕 피라미드 건설자이자 관료였던 헤미우누Hemiunu의 동상 발판에서 발견

제르는 무려 57년 동안 파라오의 자리에 있었다고 한다.

이집트 유물들에 묘사된 메히트들.

된 메히트는 목에 3개의 고리를 차고 있는데요. 쇼흐는 메히트가 목에
차고 있는 고리가 스핑크스의 목에 있는 원형의 빗살무늬와 동일시될
수 있다고 했습니다. 메히트는 동음이의어로 암사자 외에 비 또는 홍
수를 뜻했는데요. 쇼흐 박사는 묘하게 맞물리는 이러한 역사적 요소
들이 스핑크스가 원래는 사자의 모습으로 조각되었음을 알려 준다고
주장했습니다. 후대 파라오들이 끊임없이 재가공하고 또 필요에 따라
보수하면서 지금처럼 머리만 과도하게 작아졌다고 말입니다.

후대 파라오가 스핑크스를 보수했다는 내용은 이집트 비석인 인벤
토리 스텔라Inventory Stela에도 나옵니다.
1850년, 이시스 신전에서 발견된 이 비석
은 학계에 엄청난 반향을 가져왔는데 스
핑크스를 건설했다고 알려진 카프레 왕
의 선대 왕인 쿠푸 왕이 스핑크스를 발견
하고 보수했다는 내용 때문입니다.

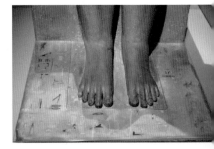

헤미우누 동상 발판.

쿠푸는 스핑크스 옆에 세워져 있는 이시스의 피라미드를 찾았다.
(…) 쿠푸는 부서진 스핑크스를 보수했다.

카프레 왕의 아버지인 쿠푸 왕
또한 스핑크스를 '건설'한 게 아니
라 이미 존재하던 것을 '발견'해
보수를 했다면 꽤 오래전에 만들
어졌다는 의미일 텐데요. 인벤토
리 스텔라는 후대에 조작되었다
는 논란이 많습니다.

또 하나의 근거는 별자리입니
다. 동서양을 막론하고 점성술은
고대 종교에서 중요도가 큽니다.
특히 고대 이집트의 천문학 지식
은 매우 우수했지요. 기자에 있
는 세 개의 피라미드가 오리온자
리를 본뜬 거라는 이야기가 있을
정도인데요. 실제로 쿠푸 왕 대피
라미드에는 '천체창'이라고 불리
는 외부로 통하는 구멍이 있습니
다. 이 창은 기원전 2600년-기원

인벤토리 스텔라.

265

기자의 피라미드들(왼쪽)과 오리온자리(오른쪽).

전 2400년경에 정확하게 오리온자리를 겨냥하고 있었고요. 천문학 관점에서도 해석할 수 있습니다. 예로부터 사자자리는 황제의 별자리로 여겨지며 왕의 상징으로 자리매김했는데요. 기원전 10900년경 스핑크스가 바라보는 위치의 정동 쪽에서는 일출 직전의 지평선에 떠오르는 사자자리를 볼 수 있었습니다. 태양의 중심이 적도에 오는 춘분은 고대부터 한 해의 시작을 알리는 날과 같았습니다. 당시의 춘분점은 황도 12궁 중 사자자리에 있었고요.

고대 이집트인들은 점성술에 해박했다. 그들은 건축물에 천문학의 비밀들을 빠짐없이 숨겨 놓았다.

– 고대 이집트 연구자 로버트 보발Robert Bauval

태양과 동일시된 사자, 일출 직전 하늘에
떠올랐던 사자자리, 그것을 바라보는 스핑
크스까지. 이 키워드들은 스핑크스가 기원
전 10000년경부터 존재했다는 전제 아래서
일맥상통합니다. 플라톤이 언급한 아틀란
티스의 멸망 시기와 스핑크스의 건설 시기
도 딱 맞아떨어지고요. 앞에서 언급한 '사
하라의 눈'이 사하라 서쪽에 있다는 점 또
한 의미심장해집니다.

로버트 보발.

혹자는 말했죠. "기원전 10000년경 영거 드라이아이스기 때 사하라
서쪽에 있던 아틀란티스가 물에 잠기자 생존자들은 고향을 떠나 동쪽
으로 이주했다. 그렇게 초기 이집트 문명의 근간이 된 아틀란티스 생

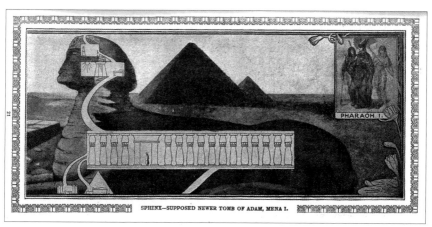

SPHINX—SUPPOSED NEWER TOMB OF ADAM, MENA I.

스핑크스 지하 기록의 전당 상상도.

존자들은 자신들이 이룩했던 뛰어난 문명을 새 터전에 흡수시켰다. 고대 이집트가 동시대 어떤 국가들보다 독보적으로 성장할 수 있었던 원동력이다." 이들은 스핑크스는 이와 같은 일련의 과정을 통해 탄생했으며 아틀란티스와 이집트를 연결 짓는 상징적인 조각상이라고 주장합니다. 스핑크스 지하에 아틀란티스의 흔적들이 있는 '기록의 전당Hall of Records'이 있다는 이야기는 유명하죠. 고대 로마의 기록에 "이집트인들은 거석 밑에 문서 보관용 지하 공간을 만들었다. 이들은 대홍수 속에서도 살아남아 전해졌다"라는 구절이 있습니다.

스핑크스의 다리 아래에 정체를 알 수 없는 지하 공간들이 존재하는 건 맞습니다. 1987년 일본 와세다 대학 소속의 이집트학자 요시무라 사쿠지Sakuji Yoshimura의 지휘로 수행된 전자기파 조사에서 스핑크스 아래에 길쭉한 터널과 석실의 존재가 나타났습니다. 또한 지진학자인 토마스 도베키Thomas Dobecki가 1991년 스핑크스 단층 촬영 및 지진 반사 조사를 수행한 결과 앞발 밑에도 사각형의 공간이 있음이 밝혀집니다. 보수 공사를 하던 인부들이 스핑크스 뒤쪽에서 지하로 통하는 터널을 발견해 논란이 된 적도 있었고요.

이집트 고대유물관리청장인 자히 하와스Zahi Hawass는 스핑크스 지하의 비

스핑크스에서 발견된 정체 모를 구멍.

어 있는 공간들은 자연적으로 형성된 석회암 공동이며, 뒤쪽 통로는 도굴꾼들이 파다 만 흔적이라고 답했습니다. 제대로 된 발굴과 조사가 이어져야 한다는 의견이 빗발쳤음에도 관리청은 고대 유물 보존에 더해 스핑크스 아래에 지하수가 가득 차 있어 추가 조사는 불가능하다고 선을 그었습니다. 그리고 2008년 스핑크스 아래의 지하수를 빼내는 작업이 한 차례 진행된 뒤로 조사는 완전히 멈춘 상태이죠.

어디까지가 신화이고 어디부터가 진실일까요? 이집트에는 대홍수 이전까지 오랜 기간 나라를 통치했다는 신들에 대한 기록이 많습니다. 이집트 제19왕조 때의 유물 토리노 파피루스에는 300명이 넘는 고대 파라오의 연대기가 기록되어 있습니다. 여기에는 최초의 왕조 이전에도 무려 1만 8천 년이 넘는 시간 동안 신과 영웅들에 의해 왕위가 이어졌다고 적혀 있습니다.

이집트 제5왕조 시기에 만들어진 팔레르모 석판Palermo Stone에도 최초의 왕조가 들어서기 전의 이집트를 다스렸다는 120명의 불가사

토리노 파피루스.

팔레르모 석판.

의한 왕이 언급되어 있습니다. 지금껏 일종의 신화로 여겼지만 정말 그럴까요? 아득한 시간 속에 잊히고 만 스핑크스의 진짜 주인들은 아니었을까요? 그리고 남아메리카와 이집트의 고대 문명은 유사점이 꽤 있습니다. 피라미드와 태양신이 존재하며, 홍수와 거인에 관련된 이야기도 있죠. 대서양을 가운데 두고 이토록 비슷한 문화를 가질 수 있었던 연유는 그 사이를 연결해 주는 거대한 땅 덕분이었을 수도요.

아틀란티스를 통해서 대서양을 에워싸는 반대쪽으로 건너갈 수 있었다.

－『크리티아스』 중

바다 민족

고대 문명에 암흑기를 불러온 정체불명의 집단 '바다 민족'이 아틀란티스인의 후예라는 설도 있습니다. 세계 최초로 강철을 주조해 낸 군사 강국 히타이트Hittites, 유럽 최초의 문명을 건설한 미노아, 에게해를 지배하며 고도의 기술을 발전시킨 미케네 등 지중해 연안의 고대 국가들은 기원전 1200년경 동시다발적으로 사라집니다. 자연재해 때문이 아니었습니다. 어느 날 갑자기 바다에서 올라와 자신들이 지나는 길마다 대재앙을 몰고 왔던 바다 민족 때문이었는데요. 그들은 기원조차 명확히 밝혀지지 않은 채 현재도 베일에 싸여 있습니다. 혹자는 아틀란티스인을 언급합니다. 새로운 터전을 찾고자 육지로 진격해 왔다고요.

이집트 신전에 있는 벽화.

바다에서 온 자들이 음모를 꾸몄다. 그들의 공격에 모든 땅과 사람이 모래처럼 흩어졌다. 견딜 수 있는 자들은 아무도 없다. 위대한 도시들은 처음부터 존재한 적 없었던 듯 불모지가 되었고, 사람들은 어른이나 아이 할 것 없이 몰살당했다. 그들이 이집트를 향해 몰려오기 시작한다.

– 이집트 메디나트 하부Medinet Habu 대신전 비문 중

바다 민족. 그들은 고대사 최대의 미스터리로 불리는 수수께끼의 학살자 집단입니다. 출현과 동시에 이집트 가자 지구에서 트로이까지, 인구 1만 명 이상의 도시들을 남김없이 몰살시켰기 때문입니다. 동부 지중해와 인접한 모든 문명과 국가를 파괴한 후 메소포타미아의 강국이었던 아시리아의 수도 니네베Nineveh 인근의 내륙까지 단숨에 진격하죠. 고대 국가들은 갑작스러운 침략에 맞서 사방으로 구원을 요청했으나 속수무책으로 괴멸당하고 맙니다. 당시 상황을 기록한 점토판들에 미지의 침략자를 향한 공포가 잘 나타나 있습니다.

바다 약탈자들이 관측되었다. 보초병을 급파하고 해안 요새들의 방어를 강화하라. 각 신전에 전령을 파견해 청동으로 된 성물들을 가져오라. 창을 만들 청동이 부족하다.

– 필로스Pylos 점토판 기록 중

우가리트의 라스 샴라Ras Shamara 유적.

적들이 몰려와 내 나라를 불태우고 있다. 왕국의 병력과 전차가 히타

이트 제국을 돕기 위해 파견되었다. 내 나라는 버려진 상태다.

- 우가리트Ugarit 점토판 기록 중

고대의 도시 필로스에서 발견된 점토판 기록을 보면 신에게 바친 성

물까지 녹여야 할 정도로 급박했던 상황을 엿볼 수 있습니다. 이 시기

의 상업 중심지이자 대도시 중 하나였던 우가리트에서 발견된 점토판

에는 불타는 도시에 대한 묘사와 함께 절박한 구조 요청이 담겨 있는

하투샤에서 발굴된 사자의 문. 불탄 흔적이 보인다.

데요. 3천 년이 지난 지금까지 보존될 수 있었던 이유가 있습니다. 도시가 불바다가 되는 바람에 일부 점토판이 고열에 구워졌던 거죠.

바다 민족의 공세에 작은 규모의 도시국가는 물론이고 막강한 힘을 과시했던 히타이트와 미케네까지 맥없이 쓰러집니다. 가까스로 살아남은 이집트 역시 회복 불가능한 타격을 입고 몰락의 길을 걷습니다. 고고학계에서는 고대 국가들이 연쇄적으로 멸망한 기원전 12세기를 '암흑시대'라고 부릅니다. 중세의 암흑기에 비해 덜 알려진 측면이 있으나 빛나던 고대 문명의 수많은 문자가 이때 사라졌고, 건축과 예술의 대는 끊겨 버렸죠.

문명이 재건되기까지는 수백 년의 시간이 필요했습니다. 그중 일부는 오늘날까지도 완전히 복원되지 못하고 있습니다. 이 시기의 주요 도시 유적지에서는 예외 없이 방화 흔적이 관찰되었으며, 지층에서는 희생자들의 유골이 무더기로 나왔는데요. 동시대에 형성된 광대한 범위의 지층에서 문명 괴멸의 흔적이 관찰되는 현상을 파괴 지층이라고 합니다.

> 어떤 시대든 침략자들은 전쟁을 일으켜 적의 땅을 차지하고 나면 적의 국민을 노예로 삼아 새로운 국가를 건설하며 세력을 넓혔다. 하지만 바다 민족은 맹목적인 파괴와 학살만 반복하다 어느 순간 사라져버렸다. 처음부터 정복이 아니라 '문명 말살'이 목적이었던 것처럼.
>
> — 고고학자 엠마뉴엘 드 루제Emmanuel de Rouge

압도적인 힘으로 50여 년 만에 동부 지중해의 문명들을 차례차례 파멸로 몰아넣은 수수께끼의 침입자. 이들의 정체는 무엇이었을까요? 바다 민족에 대한 정보는 극히 제한적입니다. 그들과 접촉했던 문명 대부분이 사라졌기 때문이죠. 바다 민족이라는 명칭도 그렇습니다. 고대부터 사용된 것이 아니라 1850년대에 와서 프랑스인 이집트 학자 엠마뉴엘 드 루제에 의해 명명되었습니다.

그는 이집트 룩소르의 메디나트 하부 대신전 유적에서 발견된 람세스 3세의 델타 전투 기록을 해독하는 과정에서 청동기 문명을 파멸시킨 미지의 세력이 있음을 확인했습니다. 신전 벽에 남아 있는 부조에는 깃털 모자를 쓰고 둥근 방패와 긴 창을 들고 있는 침략자의 모습을 볼 수 있는데요. 루제 박사는 이집트 신전의 부조와 동시대 다른 국가들의 기록을 통해 그들이 '바다' 또는 '어떤 섬'에서 왔으며, 단일 민족이 아닌 다수의 해양 민족으로 구성되고 뛰어난 기술을 가진 연합체였다는 가설을 추론해 내죠. 하지만 엠마뉴엘 드 루제가 얻은 정보는 단편적이라 그들의 실체는 여전히 흐릿했습니다. 이와 같은 역사적 공백은 연구자들의 호기심을 자극하며 수많은 가정을 탄생시키기에 이릅니다.

미국 마르케트 대학의 고대사 연구가 제니퍼 핀Jennifer Finn은 아틀란티스의 생존자들이 바다 민족일 가능성을 제기했습니다.

지브롤터 해협 저편의 커다란 섬에서 왔으며, 압도적인 군사력으로 유럽과 아시아에 침공을 감행한 종족. 초고대 문명을 건설했으나 하루아침에 사라진 국가가 있다는 이야기를 우리는 이미 알고 있다. 바다 민족은 어쩌면 아틀란티스에서 온 것이 아닐까?

홍수와 지진 등의 이유로 순식간에 멸망한 고대 아틀란티스인들이 새로운 터전을 찾고자 침략 전쟁을 일으켰고, 진격 과정에서 내륙인과 동화되었기 때문에 역사에서 사라진 것처럼 보인다는 건데요. 플라톤이 기록한 아틀란티스의 침몰 시기와 바다 민족의 출현 시기에는 역사적으로 큰 격차가 존재하나, 이 의문점을 어느 정도 해소해 줄

메디나트 하부 신전(위)과 신전 부조 탁본(아래).

수 있는 가설도 있습니다. 콜럼비아 대학 역사학 교수이자 여러 고대 사 책을 집필한 마르크 반 드 미에룝은 바다 민족의 출현 시기가 우리 가 아는 것보다 훨씬 오래되었을 수도 있다고 했는데요. 그 말인즉슨 기원전 12세기에 침략이 절정에 달하기 훨씬 이전부터 바다 민족이 라는 종족 혹은 집단이 존재했다는 뜻입니다.

람세스 3세 시대의 부조는 바다 민족의 출현이 예상치 못한, 매우 갑작스러운 재앙인 양 기록했다. 하지만 선대 파라오인 메르넵타 때의 기록을 보면 이미 30년 전에도 이와 같은 유형의 해양 민족 연합체의 침략을 받았음을 알 수 있다. 바다 민족은 수 세기에 걸쳐 침략을 시도하다 람세스 3세 때 이르러 대침공을 한 것으로 보인다. 무리에 여성과 어린아이가 포함되어 있고, 생활용품을 실은 수레도 있었다는 구절은 자연스레 인구 대이동을 연상시킨다.

마지막의 인구 대이동을 연상시킨다는 주장이 의미심장해 보입니다. 침략이 목적이 아니라 터전을 잃고서도 어떻게든 살아남고자 했던 아틀란티스의 생존자들일 수도 있겠다는 가능성을 주니까요.

마지막으로 구약의 '불레셋Philistines인'입니다. 이스라엘 민족에게는 적으로 간주되는 이들은 교활한 이교도이자 전쟁광으로 알려져 있는데요. 우리도 잘 아는 거인 골리앗이 불레셋의 군대를 이끌던 장군입니다. 290센티미터에 달하는 키와 막강한 무력을 가졌던 골리앗에 대한 설명을 토대로 일부 신비주의자들은 그들이 네피림Nephilim, 즉 거인의 후손이라고 주장하기도 했죠. 성경 속의 불레셋인은 대개 폭력적이며 둔감한 야만인으로 묘사되나 이스라엘 고고학자 트루드 도단Trude Dothan 교수는 그들이 우리의 상상 이상으로 문명화된 종족이었다는 증거를 제시하며 재평가를 촉구했습니다.

이집트 부조에 불레셋인들이 기원전 1200년 경 가나안 남부 해안에 정착했다는 내용이 나온다. 이 지역에 대한 발굴을 진행한 결과, 진보한 철기 문화의 증거가 발견되었다. 그들은 숙련된 장인들과 건축가들로 계획도시를 건설했고 독창적인 문화를 이룩했다.

트루드 도단.

도단의 주장 가운데 불레셋인이 바다의 신 다곤Dagon을 숭배했다는 이야기는 흥미롭습니다. 다곤은 상반신은 사람이고 하반신은 물고기의 형상을 한 반인반어로 메소포타미아를 비롯한 여러 문화에 등장합니다. 다곤은 낮에는 육지에 머무르며 인간에게 문명과 지식을 전해 주었고, 밤에는 은신처인 바다로 돌아갔다고 하죠. 다곤 외에 지중해 문화권의 대표 해양 신으로는 바다의 지배자라고 불리는 그리스의 신 포세이돈이 있습니다. 다곤과 포세이돈은 나라와 문화에 따라 표기와 형상을 조금 달리할 뿐 본질적으로는 같은 존재입니다. 지중해 인근의 여러 나라가 이들을 동일시했으며, 동일한 기원을 둔 신이라 여기고 숭배했

불레셋인들이 믿는 물고기 신 다곤.

반인반어의 신인 오안네스(왼쪽)와 사이렌(오른쪽).

습니다.

　이 지점에서 아틀란티스 전설과의 접점을 찾을 수 있습니다. 플라톤이 아틀란티스에 관해 기술한 내용에 이런 구절이 있기 때문이죠.

포세이돈은 그리스 신화에 나오는 바다·지진·돌풍의 신이다.

　　아틀란티스는 바다의 신 포세이돈이 세운 국가로, 그의 첫 번째 아들 아틀라스의 이름을 따 아틀란티스가 되었다. 그들은 여러 세대에 걸쳐 번영했으며, 지중해 연안 국가들을 정복했다.

　다르게 해석하면 아틀란티스는 다곤이 세운 국가라는 이야기가 됩니다. 아틀란티스는 다곤을 숭배했던 불레셋인 혹은 다른 주변국들의 뿌리가 될 수도 있는데요. 지중해 연안 국가들을 정복했다는 내용 또한 바다 민족에 관한 기록들과 많은 유사점을 보입니다.

이 외에도 바다 민족의 정체에 대한 가설은 무수히 많습니다. 여러 나라로 구성된 해양 민족의 대규모 연합체다, 혼란했던 지중해 정세에 의해 연쇄적으로 도시가 무너지면서 폭도로 변모한 시민들이 거대한 집단을 형성하며 도시를 약탈해 나갔다 등도 있습니다. 권력 다툼, 자원 부족, 자연재해 등은 고질적이지만 제일 중대한 문제였죠. 누군가의 말대로 아틀란티스의 생존자 혹은 그들의 후예였을 가능성도 있을까요? 고대 국가들을 정복한 후 연기처럼 사라져 버린 정체불명의 집단. 그들의 정확한 실체와 역사는 여전히 미스터리입니다.

기묘한 밤 영상

지중해의 고대 도시들을 모조리 멸종시킨
정체불명의 집단 '바다 민족'

1만 2천 년 전에 존재했던
'초고대 이집트 문명'에 의해
스핑크스가 지어졌다는 충격적인 이론

수천 년 전, 플라톤의 저술 속 한 구절의 기록으로 시작한 여정은 오랜 세월 동안 수많은 탐험가, 학자, 그리고 우리의 마음속에 자리하며 지금까지도 이어져 오고 있습니다. 우리는 아틀란티스의 전설과 역사를 추적하면서 이 신비로운 대륙이 어째서 오늘날까지 꺼지지 않는 불씨를 유지할 수 있었는지, 왜 이토록 많은 사람이 여기 매료되었는지 탐구하고 또한 조금이나마 알 수 있었습니다.

아틀란티스의 실존을 입증할 증거는 아직도 명확히 발견되지 않았습니다. 이 또한 아틀란티스가 가진 매력일지도 모릅니다. 우리를 끌어당기는 힘이요. 미지로 남아 있는 한 아틀란티스를 향한 호기심과 탐험 역시 끝나지 않을 테니까요.

잃어버린 대륙 아틀란티스를 찾아서와
함께 보면 좋을 기묘한 밤 콘텐츠

 1 신화 속 이야기인 줄 알았던 '트로이 목마'가
실존했을 수 있다는 기록과 가설들

 2 태평양 한가운데에 있었다고 전해지는
거대한 무대륙

 3 성경 속에 등장하는 거인의 후예 '골리앗'이
실제로 존재했다는 흔적과 증거들

 4 인도양 한가운데 있었다고 전해지는
전설의 대륙 레무리아

 5 고대 지도에서 공통적으로 발견되는
'미지의 거대 대륙'

✦ 델타 전투

람세스 3세는 이집트 신왕국 시대인 제20왕조의 2대 왕으로 31년간 나라를 다스렸다. 그는 여러 차례 전쟁을 겪었는데 재위 8년이 되는 해에 있었던 바다 민족과의 전투가 유명하다. 이때 이집트는 영토를 지키는 데 성공했지만 이후 쇠퇴의 길로 들어선다. 그리고 빠뜨릴 수 없는 것이 리비아와의 전투다. 람세스 3세의 재위 5년차와 11년차에 리비아가 나일강 하류의 델타 지역으로 침공하는데 이것이 델타 전투다.

✦ 소나 Sonar, sound navigation and ranging

음파를 이용하여 바닷속 물체의 존재, 위치, 성질 등을 탐지하는 장비를 말한다. 좁게는 함정이나 잠수함 등이 수중 음파 전파를 이용하여 목표물을 탐지하고 식별하는 시스템이다. 소나는 해저의 3차원 지형을 조사하는 장비로 널리 이용되고 있다.

4
미 UFO 청문회

미국 UFO 공개청문회에서 나온
모든 폭로와 충격적인 증거 영상들

L의 픽

이 드넓은 우주에 지구에만 문명이 존재한다고 생각하면 조금 오싹한 기분이 든다. 이 때문에 개인적으로는 외계인이 존재했으면 하고 바라고 있다. 그래서일까? UFO 관련 자료들을 수집하면서 영상을 제작할 때, 약간의 확증편향이 작용하고 있다는 생각을 지울 수 없었다. 자연스레 영상에 외계 문명이 존재할 것이라는 믿음이 반영되는 것이다. 그러던 중, 미국의 전직 군인들이 UFO와 외계인의 존재를 폭로하는 것도 모자라 관련 청문회까지 열렸다는 소식이 들려왔다. 하나둘 퍼즐이 맞춰지는 듯한 증언과 일화들. 빠르게 진행되는 관련 기관 설립과 대중에 공개되는 실질 증거들. 우리의 시대를 송두리째 뒤흔들 거대한 무언가가 찾아오고 있음을 느낀다. 언젠가 기묘한 밤 채널이 미스터리 채널이 아닌 다큐멘터리 채널이 될 수도.

비밀의 방-피라미드 속에 감춰진 보물

검은 피라미드-행방불명이 된 네 번째 피라미드

바가 피라미드-완성되지 못한 파라오의 꿈

아크나톤-유일신을 섬긴 유일한 파라오

클레오파트라-최후의 파라오, 최초의 팜 파탈

기묘한 밤이 뽑은 미스터리 Best 5

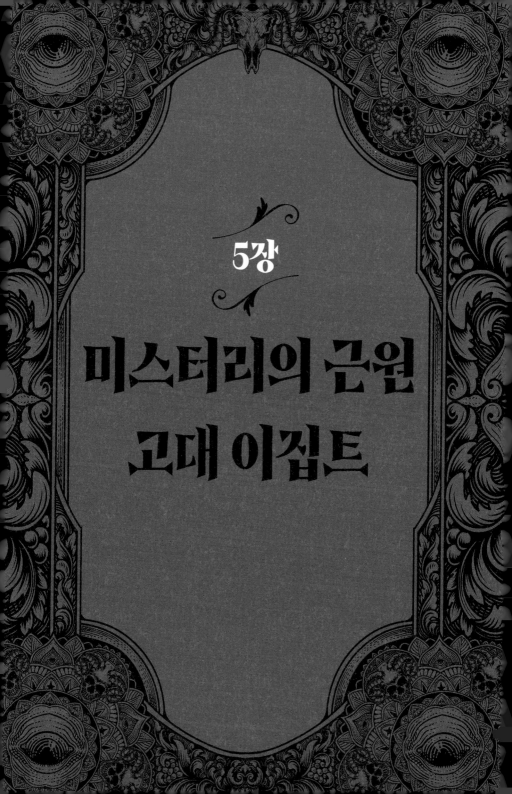

5장

미스터리의 근원
고대 이집트

이야깃거리로 가득한 나라, 신비로운 문명의 보고 이집트. 아득히 먼 과거에 만개했던 이 문명은 시들지 않고 우리에게 전해졌습니다. 그러나 고대 이집트인들이 이루고 누린 빛났던 도시, 문화와 관련해서는 여전히 답을 찾지 못한 질문이 많이 존재합니다. 매년 새로이 추가되는 피라미드 건축에 대한 미스터리, 다신교를 거부하고 유일신을 숭배한 왕 아크나톤, 최후의 파라오라고 불린 클레오파트라의 독살에 얽힌 의혹들까지. 어째서 이들은 낡지도 않고, 여전한 생명력을 가지고는 현대의 우리에게 닿을 수 있었던 걸까요?

사막의 모래 속에 묻혀 수천 년 동안 간직한 비밀은 극히 일부만으로도 인류의 종교, 예술, 문화에 두루 깊은 영향을 미쳤습니다. 고대 이집트는 누군가에게는 끝없는 탐구와 도전을 불러일으키는 과거의 유산이고, 또 다른 누군가에게는 풀리지 않는 미스터리를 간직한 불가사의로 살아 숨 쉬죠.

고대 이집트를 탐구하는 행위 자체가 인류의 과거를 파헤치는 일입니다. 때로는 흥미롭게, 때로는 심오하게 진행되는 여정을 통해 모두는 자신만의 발견을 경험할 수 있습니다. 이조차 그들이 수천 년도 더 전에 미리 계획한 일일 수도요.

1 ──────────── 비밀의 방

피라미드 속에
감춰진 보물

200년 만의 발견

2017년 11월 2일. 영국의 과학지 《네이처》에 카이로 대학과 프랑스의 HIP_{Heritage Innovation Preservation} 연구소가 주도하는 국제 피라미드 연구 프로젝트인 '스캔 피라미드_{Scan Pyramids}'가 쿠푸 왕 대피라미드 안에서 정체를 알 수 없는 커다란 공동_{空洞}을 발견했다는 내용의 기사를 실었습니다. 이들은 기존에 알려져 있던 3개의 방 외에 또 다른 방이 존재한다는 사실을 밝혔죠.

19세기 이후 200년 만에 새롭게 발견된 피라미드의 내부 구조에 관한 뉴스였습니다. 조사에 따르면 공동은 총 2개였는데 큰 것의 길이는 30미터였습니다. 사실 대피라미드에 비밀의 방이 존재한다는 주장은

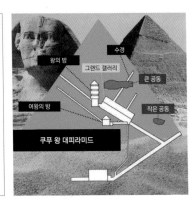

Published: 02 November 2017

Discovery of a big void in Khufu's Pyramid by observation of cosmic-ray muons

Kunihiro Morishima ✉, Mitsuaki Kuno, … Mehdi Tayoubi ✉ + Show authors

Nature 552, 386–390 (2017) | Cite this article

43k Accesses | 159 Citations | 2834 Altmetric | Metrics

Abstract

The Great Pyramid, or Khufu's Pyramid, was built on the Giza plateau in Egypt during the fourth dynasty by the pharaoh Khufu (Cheops)[1], who reigned from 2509 BC to 2483 BC. Despite being one of the oldest and largest monuments on Earth, there is no consensus about how it was built[2,3]. To understand its internal structure better, we imaged the pyramid using muons, which are by-products of cosmic rays that are only partially absorbed by stone[4,5,6]. The resulting cosmic-ray muon radiography allows us to visualize the known and any unknown voids in the pyramid in a non-invasive way. Here we report the discovery of a large void (with a cross-section similar to that of the Grand Gallery and a minimum length of 30

수갱
왕의 방
그랜드 갤러리
큰 공동
여왕의 방
작은 공동
쿠푸 왕 대피라미드

《네이처》 기사(왼쪽)와 새로 발견된 공동 위치(오른쪽).

꾸준하게 제기되어 왔습니다. 기술의 한계로 장시간 작업이 지지부진했으나 최첨단 스캔 기술인 뮤오그라피Muography 덕분에 조사는 새로운 국면을 맞이합니다. 엑스레이보다 더 깊게 구조물에 침투하고 전자보다 200여 배 크기가 커 단층 촬영이 가능한 뮤온을 이용하는 기술입니다. 연구 팀은 각기 다른 세 종류의 뮤온 탐지기로 이 공간을 발견했습니다. 스캔 피라미드 설립자인 메디 타유비Mehdi Tayoubi는 "최고의 발견이다. 이 방이 지닌 가치는 무한한 가능성을 갖는다"라며 피라미드 건설 극초기 때부터 여태껏 숨겨져 있었던 것 같다고 덧붙였습니다. 반응은 매우 뜨거웠죠. NBC를 포함하여 수많은 국제 언론과 과학 저널에서 주목했으며 2017년 최고의 발견으로 꼽았습니다.

메디 타유비.

세기의 발견이다. 피라미드에 관한
많은 가설이 있었지만 누구도 이렇
게 큰 공동이 있을 거라고는 상상조
차 하지 못했다.

- **나고야 대학 소속 고고학자 카와에 유
키노리**Yukinori Kawae

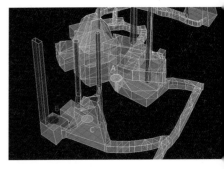

뮤오그라피 예시.

흥미롭고 새로운 발견이며, 잠재적
으로 대피라미드에 대한 우리의 지식에 커다란 기여를 할 것이다.

- **하버드 대학 이집트학 교수 피터 마누엘리안**Peter der Manuelian

스캔 기술 덕분에 피라미드와 관련된 새로운 비밀들이 하나둘 드러
나고 있습니다. 2016년에는 쿠푸 왕 대피라미드 안의 특정 돌들이 비
정상적으로 높은 온도임이 밝혀져 논란이 일었죠. 초자연현상 전문가
들은 피라미드가 '대지의 열을 모으는 거대한 응집체 역할을 한다'라
고 주장한 바 있습니다. 20세기에 전 세계를
강타했던 피라미드 파워 이론과도 일맥상통
하는데요. 삼각뿔 형태의 피라미드 내부에
과학적으로 설명할 수 없는 신비스러운 에너
지가 흐른다는 뜻입니다. 이후 피라미드 내
부에 흐르는 정체불명의 에너지에 대한 다양

피터 마누엘리안.

한 가설이 쏟아졌지만 명확한 해석은 아직 나오지 않았습니다.

2023년에도 추가 발견이 있었습니다. 뮤오그라피 기술을 이용하여 쿠푸 왕 대피라미드를 탐색하던 스캔 피라미드 팀이 방 혹은 복도로 의심되는 공간을 찾았는데요. 이번에는 암석 틈새에 6밀리미터 크기의 초소형 내시경을 투입함으로써 영상까지 확보할 수 있었습니다.

피라미드의 북쪽 면에서 발견된 이 통로는 길이 9미터에 폭은 2미터로 커다란 암석으로 지어진 벽과 V자형 천장으로 구성되었습니다. 하지만 양쪽 벽이 모두 막혀 있어 어디로 연결되는지는 파악할 수 없었죠. 전 이집트 유물부 장관 자히 하와스는 "쿠푸 왕의 진짜 무덤으로 향하는 길목"일 수도 있다고 발언하여 화제를 불러왔습니다.

열 스캔을 통해 피라미드를 이룬 돌들의 온도가 서로 다름이 드러났다.

파라오의 진짜 묘실은?

이집트 피라미드 중 가장 큰 쿠푸 왕 대피라미드에서는 현재까지 총 3개의 묘실이 확인되었지만, 미라와 유물은 아무것도 발견되지 않았습니다. 관련해서는 여러 의견이 있는데요. 오래전에 도굴되어 비어 있다는 설, 피라미드는 일종의 묘비이고 진짜 묘실은 피라미드 지하에 존재한다는 설, 공개된 묘실은 가짜이며 진짜 묘실로 통하는 입구는 피라미드 어딘가 숨겨져 있다는 설 등입니다. 이집트 정부는 이번 발견이 그 궁금증을 풀 수 있는 열쇠가 되리라 기대했습니다. '쿠푸 왕 묘실이 피라미드 깊숙한 곳에 숨겨져 있다'는 설이 가장 유력했기 때문입니다.

이러한 방들은 피라미드를 이루는 돌의 무게를 분담하기 위한 부속 공간에 불과하다고 말하는 이들도 있습니다. 애초에 비어 있던 공간이라는 거죠. 반면 스캔 피라미드 팀은 "현재는 복도가 존재한다는 사실이 전부지만 놀라운 고고학적 사건으로 이어질 수도 있다"며 기대를 표했고, 앞으로 있을 조사에도 적극 임할 예정이라고 답했습니다. 이집트 국가유물최고위원회 위원장인 모스타파 와지리Mostafa Waziri 또한 "우리는 이 복도 끝에 무엇이 있는 알아낼 것이

모스타파 와지리.

293

다"라며 스캔 피라미드 팀을 지지했습니다.

아직 뚜렷한 성과는 나오지 않았습니다. 위낙에 중요도가 큰 유물들이기에 직접적인 탐사는 거의 이루어지지 못하고 있으며, 뮤오그라피 같은 비파괴 탐지 기술만 시행되고 있는 실정입니다.

또 다른 비밀 공간

이집트 연구자인 알렉스 휘태커Alex Whitaker는 피라미드 지하에도 비밀 공간이 존재할 수 있다고 말했습니다. 대피라미드의 지하 통로는 도중에 끊겨 있어 탐사가 중단된 상태인데요. 휘태커는 이것이 의도적으로 막혀 있거나 다른 통로 혹은 감춰진 길이 있을 가능성이 있다고 했죠. 그는 고대 그리스의 역사가 헤로도토스가 피라미드를 직접 방문하여 남긴 기록을 근거로 삼았습니다.

피라미드 안에 존재하는 지하 방을 위해 쿠푸 왕은 나일강에서 수로를 끌어왔다.

고대 로마의 박물학자였던 대 플리니우스의 기록에서도 지하 공간에 대한 언급을 찾을 수 있습니다.

카이로 박물관에 전시된 쿠푸 왕 석상.

나일강은 아프리카 동북부를 흐른다. 적도에서 시작하여 지중해로 들어간다.

피라미드 지하는 수갱竪坑을 통해 나일강과 연결되어 있었다.

고대 기록들은 공통으로 피라미드의 지하 방과 물을 언급하나 이를 뒷받침할 만한 증거는 아직 발견되지 않았습니다. 대피라미드 지하에 대한 가장 최근의 기록은 1817년입니다. 영국 총영사였던 헨리 솔트Henry Salt는 회고록에서 자신이 이탈리아의 탐험가 조반니 바티스타 카빌리아Giovanni Battista Caviglia와 피라미드 지하의 수백 야드(1야드는 0.9144미터)를 탐험했다고 기록했습니다. 증거가 없어 학계의 주목을 받지는 못했지만 가능성에는 충분히 관심 가져 볼 만합니다.

잘 알려져 있듯 고대 이집트인들은 지하세계에 대한 믿음이 강했습니다. 휘태커는 그들이 믿었던 지하세계가 피라미드 어딘가 실제로 건설되어 신성시되었을 수 있다고 했는데요. 이제까지는 상상에 기반

한 가설로 치부되던 주장은 기술이 발전하여 확인이 가능해짐에 따라 다시금 주목받고 있습니다.

숨겨진 공간에 대한 고대 이집트 기록은 더 있습니다. 고대 역사가들에 의해 간간이 전해지는 기록 가운데 이집트 어딘가 존재했다던 '거대한 미궁' 이야기가 있는데요.

헨리 솔트.

12왕은 공동으로 기념물을 남기기로 하고 모이리스 호수 남쪽, 악어의 도시 근처에 미궁을 지었다. 나도 이 미궁을 보았는데 말로 다 표현할 수 없을 정도로 훌륭한 건축물이었다. 미궁의 규모는 피라미드를 능가했다. (…) 건물은 2층으로 되어 있는데, 모두 3천 개가 넘는 방이 지하와 지상에 나뉘어 있었다. 지상층을 걸으며 둘러보니 인간이 지은 것이라고 생각할 수 없을 만큼 장관이었다.

– 헤로도토스 『역사』 중

이것이 끝이 아닙니다.

멘데스 왕은 미궁이라고 불리는 거대한 묘

그리스어로 쓰인 『역사』.

지를 지었다. 미궁은 엄청난 규모만이 아니라 뛰어난 예술성도 갖추고 있었다. 이를 가벼이 여기고 들어오는 이는 절대 출구를 찾지 못할 것이다. 미궁의 건축 기술은 타의 추종을 불허한다.

 — 고대 그리스 역사가 **디오도로스 시켈로스**Diodoros Sikeliotes

디오도로스가 남긴 기록은 헤로도토스의 기록보다 400년 늦습니다. 헤로도토스가 기록하고부터 400년 후에 디오도로스가 방문할 때까지는 미궁이 건재했다는 의미가 되는데요. 디오도로스와 동시대 인물인 고대 그리스의 지리학자 스트라본Strabon도 이집트에서 목격한 미궁에 관한 기록을 남겼죠.

피라미드와 비슷한 미궁이 있는데 그 옆에는 미로를 건설한 왕의 무덤이 있었다. 안내자 없이 구경하다가는 영영 빠져나갈 수 없을 정도로 정교한 미로였다. 모든 방의 천장이 하나의 거대한 돌로 만들어졌다.

이들이 설명하는 공통적인 미궁의 모습은 커다란 틀은 같지만 세세한 부분에서는 차이를 보입니다. 전문가들은 미궁의 거대한 규모와 더불어 출입 금지로 구분된 구역의 존재 때문이라고 설명했죠. 미궁은 선조들의 무덤이

디오도로스 시켈로스.

297

보관된 신성하고 엄숙한 장소였습니다. 이집트 왕족이 아닌 외부인이 이곳을 구석구석 돌아보는 것은 불가능했을 가능성이 큽니다. 시대에 따라 기준과 범위가 조금씩 변하면서 역사가들이 남긴 기록에도 차이가 생겼을 수도요.

스트라본은 지중해 연안의 각지를 여행하여 얻은 지식과 자료를 정리하여 『지리지』를 남겼다.

진실은 미궁 속으로

2008년, 벨기에와 이집트 연구원들로 구성된 탐사 팀 마타하Mataha는 고대 문헌의 기록들을 토대로 미궁의 위치를 카이로 남쪽의 하와라Hawara 지역이라고 추정하고는 조사를 진행합니다. 아메넴하트 3세의 피라미드 앞에 도착한 그들은 피라미드 남쪽 지하에 미궁이 있으리라 특정했는데요. 지면 투과 기술을 이용해 지하를 촬영한 결과, 10미터 아래에서 일정한 모양의 화강암 구조물을 발견할 수 있었죠. 돌들은 미로처럼 얽혀 있었을 뿐더러 규모도 놀라웠습니다.

마타하 연구 팀은 이곳이 수천 년 동안 베일에 싸여 있던 미궁이라고 확신했습니다. 다만 발굴은 진행될 수 없었는데요. 이집트 정부가 조사 중지를 명했기 때문이죠. 국가 안보가 이유였습니다. 마타하 연구 팀은 정식으로 조사 허가 요청서를 보냈지만 돌아오는 대답은 없었

습니다. 현재까지도 재개를 허
락하지 않고 있고요.

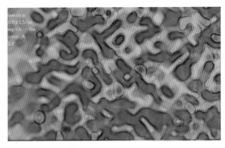

마타하 연구 팀이 촬영한 화강암 지형 스캔 이미지.

기묘한 밤 영상

이집트 피라미드 안에서 발견된
고대 비밀의 방

피라미드 속에서 발견된
정체불명의 '비밀 공간'

이집트 피라미드 지하에 숨겨져 있는
거대한 미궁

2   검은 피라미드

행방불명이 된
네 번째 피라미드

노르덴의 스케치

기자에 있는 세 개의 피라미드는 이집트를 대표하는 유적으로 기원전에 세워졌지만 지금도 건재합니다. 이에 관련해서 한 가지 기이한 뒷이야기가 전해지는데요. 기자 고원에 존재했던 피라미드가 '3개'가 아닌 '4개'였다는 것이죠. 시작은 이렇습니다.

1737년, 덴마크의 해군 사령관이었던 프레드릭 노르덴Frederic Louis Norden은 국왕 크리스티안 6세Christian VI의 명을 받아 이

크리스티안 6세.

프레드릭 노르덴(왼쪽)과 그가 남긴 이집트 삽화(오른쪽).

집트 원정을 떠납니다. 그리고 그곳의 사회상을 기록으로 남기죠. 시작은 왕의 요청이었지만 노르덴은 금방 이집트에 매료되었고, 훗날 자신의 탐험을 책으로 출간하고자 유적지를 방문할 때마다 스케치를 했습니다. 기자 고원에 도착한 그는 4천

년 전에 지어진 피라미드들과 마주합니다. 쿠푸 왕 대피라미드, 카프레 왕 피라미드, 멘카우레Menkaure 왕 피라미드였죠. 노르덴은 여러 스케치를 남겼는데요. 세계 각국을 오가며 다양한 문화를 접했던 그에게도 이처럼 압도적인 건축물은 처음이었습니다. 탐험을 마치고 고국 덴마크로 돌아온 노르덴은 자신의 여행 일지와 스케치를 담은 책『이집트

멘카우레 왕 피라미드는 기자의 세 피라미드 중 가장 규모가 작다.

와 누비아 여행Voyage d' Egypte et de Nubie』을 발간합니다. 누비아는 이집트 남부의 나일강 유역과 수단 북부에 걸쳐 있는 지역입니다. 노르덴이 쓴 책은 근대로까지 전해지며, 역사가들이 당대의 이집트 문명을 연구하는 데 큰 공헌을 하죠.

정체불명의 피라미드

노르덴의 스케치에는 한 가지 기묘한 점이 있었습니다. 세 개의 피라미드 말고도 또 하나의 피라미드가 존재했던 것이죠. 이 피라미드는 기자의 다른 피라미드들 바로 옆에 있었으며, 가장 작게 그려져 있었습니다. 노르덴의 기록에는 네 번째 피라미드를 그린 두 점의 스케치가 존재합니다. 그는 스케치 외에도 다음과 같은 글을 남겼습니다.

네 번째 피라미드는 크기는 훨씬 작지만 몇 가지 독특한 특징이 있다. 일반 화강암보다 더 검고 다루기 힘든 돌로 건축되었으며, 이로 인해 전체가 검은빛이다. 정상에는 거대한 노란색 돌이 올려져 있는데 의도는 정확히 알 수 없다. 검은색 몸체 때문에 노란색 상징부는 더욱 눈에 띈다.

이후로 정체가 불분명한 네 번째 피라미드는 일명 '블랙 피라미드'로 불리며 여러 이슈를 낳았습니다. 일부는 피라미드가 아니라 산과

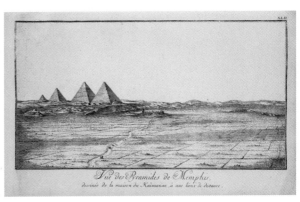

노르덴이 남긴 두 점의 삽화. 제일 왼쪽에 네 번째 피라미드가 있다.

같은 자연 지형을 묘사했을 가능성을 살폈는데요. 그러나 당시 기자 고원에는 노르덴의 스케치와 일치하는 모습의 지형은 없었던 것으로 밝혀졌죠. 그러자 실재했던 역사 유적이라는 전제에서의 조사가 이루어졌습니다. 이것도 만만치 않았습니다. 당시 이집트에서 채굴할 수 있는 암석 가운데 검은색을 띠는 바위들의 후보도 마땅치 않았던 데다가 해당 바위들은 성질이 물러 피라미드와 같은 거대한 구조물을 쌓기에 적합하지 않다는 결론이 나오고 말았습니다. 고대 이집트의 기록에서 관련지을 수 있는 구절을 찾아보려고도 했으나 실패합니다. 이집트의 역대 피라미드들 중 검은색으로 완성되었다는 기록 자체가 없었던 것이죠.

블랙 피라미드 상상도.

위성 피라미드일 가능성

왕의 무덤이 아닌 일종의 위성 피라미드였을 거란 주장도 제기됩니다. 피라미드 주위에 건설된 작은 각뿔 모양의 구조물이라고요. 실제로 기자에는 크고 작은 위성 피라미드들이 있습니다. 여기에도 맹점은 있습니다. 이집트 고문헌에 기록된 피라미드형 구조물의 위치, 현대에 재측량된 위성 피라미드군 좌표 등을 여럿 대입해도 노르덴이 스케치한 위치와 동일한 값은 나오지 않았습니다. 또 블랙 피라미드는 3대 피라미드보다 작았다는 거지 '위성'이라고 불릴 만한 규모는 아니었는데요. 노르덴의 기록에 따르면 쿠푸 왕의 그것보다 고작 30여 미터 낮았습니다.

제일 거대했던 쿠푸 왕 대피라미드의 높이가 140여 미터니 블랙 피라미드는 110미터 내외로 추측이 가능합니다. (쿠푸 왕 피라미드의 높이는 원래 150여 미터로 추정하나 지반 침하와 꼭대기의 돌들이 깎여 나가면서 현재는 138.8미터가 되었습니다.) 스케치는 눈으로 본 대상을 남긴 기록입니다. 원근법에 따라 실제보다 훨씬 작은 것처럼 묘사되었을 가능성 또한 염두에 두어야 합니다. 즉, 블랙 피라미드가 기자의 다른 피라미드들처럼 왕의 무덤일 가능성을 시사하죠.

　블랙 피라미드에 대해서는 어떠한 추가 기록이나 정보가 발견되지 않았습니다. 기자 3대 피라미드처럼 이집트 제4왕조 시대에 건설되었다고 추측만 할 뿐이었는데요. 노르덴의 스케치 외에는 기록이 없으니 위치 특정마저 어려웠죠. 그러던 2020년 3월, 고대 역사 연구가이자 유튜버로도 활동하는 매트 시브슨Matt Sibson이 "기자 고원에는 제4의 피라미드, 즉 블랙 피라미드가 존재했다. 잃어버린 왕의 무덤일 가능

매트 시브슨이 주장한 이집트의 고대 둑길 라인.

성이 있다"라고 말합니다. 그는 노르덴이 거대한 피라미드만 골라 그렸다며 블랙 피라미드의 위치를 특정했습니다.

노르덴의 스케치에는 피라미드들이 서쪽이 아니라 남서쪽을 바라보는 형태로 그려져 있다. 이로 미루어 네 번째 블랙 피라미드는 '고대 둑길'이라고 불린 나일강 인근에 존재했으리라 여겨진다.

그리고 블랙 피라미드 꼭대기에 있었다는 노란색 돌이 조각 용도였을 수도 있다고 덧붙였습니다. 피라미드 최상단에 신의 모습을 커다랗게 조각해 넣고자 미리 가져다 둔 돌이라는 거죠. 다만 조각 작업은 진행되지 않았고요. 또 블랙 피라미드가 다른 피라미드와 색, 재료, 크기가 달랐다는 점을 근거로 제4왕조 이전에 건설된, 훨씬 오래된 피라미드일 가능성도 시사했는데요. 블랙 피라미드가 사라진 이유나 기원에 대해서는 아직도 이렇다 할 근거를 찾지 못했습니다. 네 번째 피라미드는 존재했던 걸까요?

기묘한 밤 영상

현재까지도 밝혀지지 않은 이집트의
고대 유적 '검은 피라미드'

3 _____ 바카 피라미드

**완성되지 못한
파라오의 꿈**

폐허가 된 피라미드

이집트에 존재하는, 혹은 존재했던 여러 피라미드 중에는 완성되지 못한 것들도 있습니다. 이유는 제각각인데요. 일부는 미스터리로 남아 있습니다. 기자의 자우엣 엘 아리안Zawyet El Aryan에는 두 개의 피라미드가 있습니다. 하나는 '레이어 피라미드Layer Pyramid'인데, 4천 500년도 더 전에 세워진 피라미드입니다. 다만 우리가 아는 삼각뿔 모양이 아닙니다. 폐허 상태에 가깝다고 해야 하겠는데요. 그래서 '잔해 피라미드'라고도 불립니다. 완성된 이후에 무너진 것인지, 애초에 완성조차 안 된 것인지에 대해서는 의견이 분분하고요.

레이어 피라미드의 모습.

자우엣 엘 아리안에 있는 나머지 하나는 이보다 더한 미스터리를 간직 중입니다. '바카Baka 피라미드' 혹은 '비케리스Bikheris 피라미드'라고도 하는데요. 미완의 피라미드로 유명합니다.

미완성 상태에서도 전해지는 위용

바카 피라미드에 대한 최초의 현대적 설명은 1842년에 있었습니다. 이집트학의 선구자인 독일의 고고학자 칼 리하르트 렙시우스Karl Richard Lepsius는 이 불가사의한 피라미드를 직접 조사했습니다. 바카 피라미드는 그가 수립한 '렙시우스 피라미드 리스트'에 13번째로 이

미완의 피라미드인 바카 피라미드.

칼 리하르트 렙시우스(왼쪽)와 그가 남긴 이집트 기록이 쓰인 노트(오른쪽).

름을 올리는데요. 완성 상태가 아니라는 이유 때문인지 다른 피라미드들에 비해 큰 인지도를 얻지는 못합니다.

60여 년 뒤인 1904년, 바카 피라미드는 이집트 유물관리국 소속이었던 이탈리아 출신 고고학자 알레산드로 바르산티Alessandro Barsanti 덕분에 더욱 자세하게 조사되었습니다. 이집트학의 대가인 가스통 마스페로Gaston Maspero가 이집트 고대유물최고위원회 사무총장으로 있던 시기였는데요. 덕분에 가스통은 역사적인 발굴 현장을 목격할 수 있었습니다. 가스통은 숱한 피라미드들을 봐 왔음에도 미완성 피라미드에 깊은 인상을 받았고, 훗날 다음과 같은 기록을 남겼습니다.

고대 이집트인들이 수행한 과업의 광대함은 처음부터 드러나지 않는다. 그것은 아래로 향하는 계단을 걸어 내려갈수록 명백해지기 시작한다. 내가 이것을 보고 느낀 감정은 결코 잊지 못할 것이다. 웅장한 크기와 높이, 절개와 이음새의 완벽함, 독보적이면서 대담한 디자인. 이 모두가 결합되어 독특한 앙상블을 만든다. 경외심을 불러일으키는 충격이다. 이곳만큼 강력하게 고대 이집트 건축가들의 힘과 숙달이 표현된 곳은 어디에도 없다.

피라미드에 남아 있던 것

바카 피라미드는 지상으로 층을 올리지 않았습니다. 그럼에도 '거대하다'라는 수식어가 쓰인 것은 광대한 지하로부터 기인합니다. 흥미로운 지점이죠. 양쪽 기단의 길이가 약 200미터에 달하는 바카 피라미드는 그에 어울리는 넓은 지하 시설을 갖추었습니다. 암반을 깎아 만든 거대한 구덩이는 절벽을 연상케 할 정도였다고 하죠. 완공되었다면 쿠푸 왕 대피라미드보다 높았을 정도였습니다.

바카 피라미드의 미스터리는 그것이 완성되지 못했다는 데 있지 않습니다. 넓은 지하에 묘지나 의식 용도의 영안실, 석관, 제사의 흔적이 전혀 발견되지 않았다는 게 의문이었죠. 미완이기에 발견되지 않았다, 하고 쉽게 단정하기에는 다른 의도로 건설된 듯했습니다. 애초에 배제되었다는 듯이요.

기자 대피라미드 정상에 선 프로이센 탐험가들.

　(남은 것들 중) 피라미드의 용도를 추측할 수 있는 단서는 정체불명
의 타원형 통 하나가 전부였습니다. 수 톤에 달하는 화강암 블록으로
뒤덮인 방에서 발견된 이 통은 길이 3.1미터, 너비 2.2미터, 그리고 깊
이는 1.5미터였는데요. 이집트에 있는 수십 개의 피라미드 어디에서
도 동일한 것이 발견되지 않아 수많은 의혹을 낳았습니다.

　초기에는 욕조가 아닐까 여겼습니다. 이 생각은 주변에서 타원형
뚜껑이 발견되며 깨졌는데요. 이로써 통은 무언가를 밀봉하기 위한
구조물이었음이 밝혀집니다. 다음으로 석관이라는 의견이 대두되었

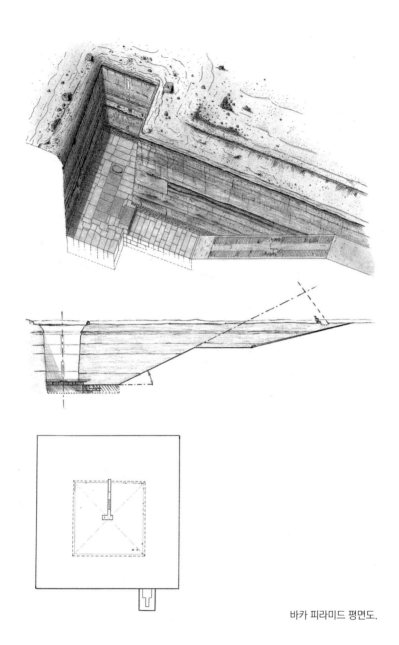

바카 피라미드 평면도.

바카 피라미드에서 발견된 통.

으나 유해가 발견되지 않았을뿐더러 기존의 이집트 석관들과는 형태와 구조가 너무나도 달라 곧 사라집니다. 통을 조사했던 알렉산드로 바르산티는 내부에서 '알 수 없는 검은색 물질'을 발견했다고 기록했습니다. 어쩐 일인지 여기에 관한 자세한 연구는 이루어지지 않았고요. 무엇보다 해당 물질은 잘 보관되어 오다 어느 순간 분실되었다고하는데요. 바르산티가 통에서 발견하고 채취했다는 물질의 정체는 끝내 수수께끼로 남습니다.

건설자는 누구였을까?

바카 피라미드는 누구를 위해 세워졌
을까요? 여러 사람이 바카 피라미드의
미스터리를 풀기 위해 건설을 명한 파라
오를 수색했습니다. 그리고 피라미드 중
심부에 커다란 석회암 블록이 사용된 것
을 단서로 이집트 고왕국 시대의 제4왕
조 때 건설했으리라고 유추했죠. 그러던

네브카를 뜻하는 상형문자.

중 발굴된 비문 가운데 '황금 왕관의 군주 네브Neb hedjet-nwb'라는 고
대 상형문자를 찾음으로써 일부는 바카 피라미드의 주인이 제3왕조의
왕인 네브카Nebka가 아닐까 하는 가설을 세웠습니다. 하지만 네브카
를 무덤 주인으로 단정하는 데는 무리가 있습니다. 무엇보다 건설 시
기가 제4왕조라면 네브카의 재위 기간인 기원전 27세기경과는 시간
대가 맞지 않습니다. 학자들은 다른 후보들을 추려 보았는데요. 가능
성이 가장 높은 파라오는 제4왕조 때 아
주 짧은 기간 이집트를 통치했던 파라오
인 비케리스, 즉 바카였습니다.

비케리스는 바카의 그리스식 변형으
로, 같은 인물을 지칭합니다. 바카의 이
름은 'Ka(카)'라는 기호와 숫양을 뜻하

'바카'라고 쓰인 비문.

는 상형문자가 같이 쓰이는 방식으로 표기되었는데요. 피라미드에서 발견된 비문 중 최소 6개에서 바카를 지칭하는 듯한 Ka 기호가 관찰되었습니다. 그래서 그가 파라오에 올랐으나 너무 빨리 사망하는 바람에 무덤이 완성되지 못했다고 추론했습니다. 반대 의견도 만만치 않습니다. 심지어 그가 허구의 인물이라는 주장까지 등장합니다. 바카에 대해서는 역사적으로 알려진 바가 거의 없다는 데 더해, 고대 그리스 연대기에 등장하는 그의 헬레니즘식 이름 때문이었죠. 그럼에도 가장 가능성이 높다는 이유로 피라미드에 '바카'라는 수식어가 붙습니다. 물론 무덤의 진짜 주인은 여전히 미궁에 갇혀 있습니다.

바카 피라미드에 관한 조사는 계속되었습니다. 그러던 중 이 피라미드의 구조가 이집트 최북단의 아부 라와시Abu Rawash 지역의 피라미드들과 구조가 흡사하다는 사실을 알게 됩니다. 북쪽을 향한 입구와 직

아부 라와시.

사각형 방으로 이어지는 거대한 경사로, 위에서 바라볼 때 T자형 배열인 점까지 닮아 있었습니다. 아부 라와시에 있는 무덤들 중에는 쿠푸 왕의 뒤를 이어 파라오가 된 제데프레의 것도 있는데요. '잃어버린 피라미드'라고도 불리는 이 피라미드는 겉보기에는 폐허 같아도 한때 이 집트에서 세 번째로 큰 멘카우레 피라

제데프레의 뜻은 '레처럼 영원하다'이다.

미드에 버금가는 크기였습니다. 제데프레 또한 바카와 같은 제4왕조

호르-아하 관련 유물들.

호르-덴 관련 유물들.

시기의 파라오입니다.

　제데프레 피라미드는 역사적으로 귀중한 가치를 지니나 상부가 모두 무너져 내리는 바람에 조사된 것은 많지 않았습니다. 그럼에도 이곳이 특별한 이유는, 아부 라와시 인근에 이집트 제1왕조 때의 유적지가 많아서입니다. 최초의 파라오라고 불리는 5천100여 년 전의 호르-아하Hor-Aha, 초기 왕조 시대를 이끌며 이집트 왕국에 번영을 가져온

 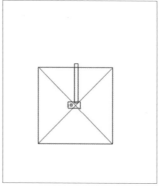

아부 라와시(왼쪽)와 바카 피라미드(오른쪽)의 유사한 구조.

호르-덴Hor-Den의 이름이 적힌 비문이 다량 발견되었죠.

　이와 같은 이유로 아부 라와시의 무너진 비밀을 푸는 것은 초기 이집트와 그들이 이룩한 놀라운 문명의 비밀을 여는 열쇠가 될 수 있습니다. 이들이 같은 왕조에, 비슷한 구조로 건설되었다는 것도 하나의 힌트였는데요. 아쉽게도 하나는 완전히 무너져 내리고 말았고 다른 하나는 미완성으로 남아 이 열쇠는 깊숙이 묻히고 맙니다.

잊혀 가는 역사

　알렉산드로 바르산티는 1910년대까지도 조사를 이어 나갑니다. 하지만 제1차 세계대전이 발발하며 발굴은 중단되고 말죠. 전쟁이 한창이던 1917년에 바르산티는 사망하고, 발굴지는 그대로 방치됩니다. 잊혀 가던 유적은 1955년 영화《파라오의 땅 Land of the Pharaohs》촬영지로 쓰이기도 했습니다. 제작진은 피라미드 건설 장면 촬영을 위해 방치된 발굴지를 정리하고, 쌓인 모래와 잔해를 깨끗하게 치웠는데요. 이 과정에서 유적 일부가

《파라오의 땅》포스터(위)와 영화의 한 장면(아래).

훼손되거나 제거되고 말았죠.

영화는 크게 흥행했습니다. 그러나 덕분에 바카 피라미드가 다시금 주목받는 일은 벌어지지 않았습니다. 피라미드의 깊은 구덩이는 쓰레기장으로 오용되었으며, 1960년대에 오면서 일대가 군사 제한구역으로 지정되며 발굴과 조사는 금지됩니다. 현재는 전부 군용 방갈로로 재건설되어 과거 모습은 찾아보기 힘들죠.

고고학적으로 높은 가치를 지니고 있음에도 기록의 부재로 잊히고 훼손된 비운의 피라미드. 이 신비로운 기념물이 고대 이집트 역사에서 어떠한 위치를 차지하며, 또 여기 어떤 비밀이 있는지는 이제 알 수 없게 되었습니다.

기묘한 밤 영상

4천500년 전 건설되다 중지된 이집트의
'미완성 피라미드' 지하에서 발견된
설명되지 않는 고대 물질

4 ————————— 아크나톤

유일신을 섬긴
유일한 파라오

사라진 파라오와 태양신

기원전 14세기를 살았던 이집트 제18왕조의 열 번째 왕의 이름
은 아크나톤Akhnaton입니다. 아내는 이집트를 대표하는 미인 네페
르티티Nefertiti이며 황금마스크를 쓴 소년 왕으로 유명한 투탕카멘
Tutankhamun이 그의 아들이죠. 아크나톤은 뒷이야기가 많은 파라오입
니다. 20여 년 동안 나라를 다스렸지만 죽음 이후로는 기록이 전부 삭
제된 수수께끼의 인물이죠. 이와 동시에 '파라오 외계인설' 의혹에 휩
싸인 주인공입니다.

고대 이집트 역사에서 이토록 치밀하고 완벽하게 기록이 지워진 파

아크나톤은 아멘호테프 4세라고도 불린다.

라오는 아크나톤뿐이다. 역사 속에서 인물이 사라지는 경우는 두 가지다. 존재를 지워야 하거나 정체를 감춰야 하거나.

– 법의학 지질학자 스콧 월터Scott Wolter

일부 역사학자들은 아크나톤이 '신을 살해한 죄'로 기록이 말살되는 벌을 받은 거라고 합니다. 즉위와 동시에 이집트의 다신교를 금지하고 유일신 아텐Aten만 숭배하는 일종의 종교 개혁을 시도했기 때문입니다. 이집트인들은 수천 년 동안 오시리스Osiris, 이시스Isis, 호루스Horus 등의 여러 신을 섬겼습니다. 그리고 이들은 파라오를 신과 동급의

18세에 요절한 투탕카멘은 왕가의 계곡에 있는 왕묘가 발굴되면서 유명해졌다.

존재라고 굳게 믿었습니다.

그런데 어느 날, 파라오로부터 그동안
섬기던 신들이 아닌 낯선 신인 아텐만
섬기라는 명이 떨어지죠. 이집트 신화에
는 제5왕조 때부터 주신으로 모신 창조
주이자 태양신인 라Ra가 있었습니다. 그
럼에도 새로이 등장한 태양신 아텐이 라
의 자리를 차지합니다. 변화는 급작스러
웠지만 파라오는 강경했습니다. 이로써
이집트의 여러 사원과 신전에서 고대 신
들의 그림과 조각상이 사라지고, 그 위
에 아텐이 새로 그려졌죠. 그런데 아텐
의 모습이 어딘가 이상하지 않나요? 설
명이 없으면 아텐을 찾지 못할 수도 있
는데요.

기존 이집트의 신들은 대부분 사람의
몸에 동물의 머리를 하고 있습니다. 반면
에 아텐은 인간의 모습도 아니고 동물의
모습도 아닌, 공중에 떠 있는 커다란 원
반 형상이죠. 광선을 쏘는 구체 안에는
누군가 타고 있는 듯 작은 실루엣도 그려

이집트 신화에 나오는 풍요, 농업,
내세, 부활, 생명, 초목의 신인 오시리스.

하트셉수트 장제전에 있는 태양신 라.

아텐과 아크나톤.

넣었습니다. 하나가 아니라 아텐을 그리거나 묘사한 기록물에서 공통으로 나타나는 특징인데요. 혹자는 아텐이 현대의 미확인 비행물체, 즉 UFO처럼 보인다고 말하기도 했죠. 확실히 일반적인 이집트 신의 모습이 아니고, 비행물체에 가까워 보입니다.

아크나톤은 아텐을 이집트의 여타 신들과는 다른, 특별한 존재로 여긴 듯합니다. 남은 기록 중에는 아크나톤이 자신과 아텐과의 관계를 사적으로 친밀한 사이로 묘사한 대목이 있는데요.

신은 오직 하나, 아텐뿐이다. 나는 낮에도 밤에도 그에게 다가갈 수 있다.

아크나톤 통치 시기에 쓰인 「태양찬가 The Great Hymn to Aten」라는 시에는 '아크나톤이 하늘에서 내려온 존재들과 만났다'라는 구절이 있습니다. 미스티시즘(신비주의자) 신봉자들은 이를 근거로 외계의 존재가 아크나톤에게 이집트 통치와 정책에 대한 전반적인 조언을 했고, 거기 영향받은 아크나톤이 그들을 '아텐'이라는 명칭으로 신격화했다고 주장하죠.

「태양찬가」 탁본.

사람과 모든 크고 작은 동물, 다리로 걷는 것과 날개로 나는 것, 그리고 이집트 온 대지의 주인 아텐이여! 당신만이 이 별의 주인이시나이다.

-「태양찬가」중

왕가의 계곡

아크나톤은 자신을 보이는 그대로 그리라고 명했습니다. 덕분에 벽화, 초상화, 조각상 등에 남은 그의 모습은 권위 넘치는 여느 파라오들과는 사뭇 다릅니다. 위아래로 길쭉한 두상, 가늘고 긴 손가락, 불거져 나온 가슴과 배, 얇은 다리를 가지고 있죠. SF영화 속 외계인의 체형과도 닮았습니다. 후대 파라오들이 아크나톤과 아텐에 관련된 모든 기록을 말살하고, 심지어 그의 이름을 부르는 것조차 금지한 까닭은 무엇일까요? 뒷이야기로 치부되던 궁금증은 왕가의 계곡에서 수상한 미라가 발굴되면서 새로운 국면을 맞이합니다.

1907년 1월 6일. 고고학자 에드워드 에이런Edward R. Ayron은 고대 이집트 왕족이 묻혀 있는 왕가의 계곡을 조사하던 도중, 암석 아래 숨겨져 있던 지하 무덤을 발견합니다. 무덤 입구는 이중으로 봉인된 상태였으며 벽면에는 이집트 왕실의 인장이 찍혀 있었는데요. 에드워드는 여러 가지를 종합하여 고대 이집트 제18왕조의 9대 왕 아멘호테프 3세Amenhotep III의 아내인 티위Tiye의 무덤이 아닐까 여겼죠. 그의 예

아크나톤을 담은 조각과 그림에는 그의 신체 특성이 잘 나타나 있다.

상대로 매장실에서는 여성 왕족의 것으로 보이는 금박을 입힌 관이 발견되었고, 발굴단은 흥분에 휩싸였습니다. 마침내 관이 열리고 잠들어 있던 미라가 모습을 드러냈을 때, 현장에 있던 이들은 약속이나 한 듯 얼어붙고 마는데요.

관 속에는 이미 부식이 상당히 진행되어 몸과 머리가 분리된 미라가 있었다. 인간의 것이라고 보기에는 비정상적으로 길고 큰 머리였다.

– 'KV55 무덤 발굴기' 중

영국박물관에 있는 아멘호테프 3세   티위 왕비 조각상.
조각상.

    미라의 보존 상태는 좋지 못했습니다. 머리가 떨어져 나갈 정도로 부식되어 성별이나 연령대조차 추정이 어려웠죠. 그러나 보통의 인간과 뼈 모양이 다르다는 건 육안으로도 확인할 수 있었는데요. 특히 뒤통수가 비정상적으로 불거져 나온 두개골은 의혹을 불러일으켰습니다. 유전자 감식 기술이 없던 시대라 발굴단이 증명할 수 있는 내용은 극히 적었죠. 에드워드는 발굴 현장에 동행한 두 명의 전문가와 함께 미라를 분석한 뒤 "기형적인 뼈 구조를 가진 여성 미라"라는 결론을 내립니다. 이유는 첫째, 남성 생식기의 흔적이 없으며, 둘째, 골

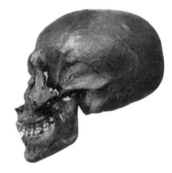

아크나톤의 두개골.

반뼈가 넓고, 셋째, 가슴 위에 양팔을 포갠 자세는 여성 미라 특유의
자세였기 때문입니다.

무명의 미라, 이름을 되찾다

미라의 신분은 끝내 밝혀지지 못했습니다. 관 속에는 섬세하게 세
공된 황금 독수리 가슴 장식과 같은 다수의 부장품이 존재했으나 무덤
주인을 특정하기에는 부족했습니다. 무척 이례적인 경우인 것이 이집
트는 기록이 풍부한 국가였습니다. 파라오나 귀족이 죽으면 매장실
벽면에 생전의 업적이나 추도문을 가득 새겨 넣는 게 보통이었죠. 그
런데 이 무명無名의 미라의 무덤에는 짤
막한 기록조차 없었습니다. 미라와 함께
네 개의 캐노픽 항아리canopic jar도 찾을
수 있었습니다. 그러나 누군가 원래 항아
리 위에 있던 상형문자를 작정하고 지워
버린 상태였습니다. 이렇게 1차 발굴 조
사는 별 진전 없이 끝나고 맙니다.

몇 달 후, 영국의 인류학자 겸 해부학
자인 그래프턴 스미스Grafton E. Smith가
자신의 연구 결과를 발표하는데요.

간, 위 등 고인의 장기를 보관하는 캐노픽
항아리. '카노푸스 단지'라고도 한다.

미라는 여성이 아닌 25세 전후의 젊은 남
성으로 밝혀졌다. 두개골 뼈가 기형적인 건
근친혼이 원인인 증후군으로 추정된다.

그래프턴 스미스.

그래프턴 스미스가 성별을 남성이라고 특
정하자 예기치 못한 상황이 전개되기 시작
합니다. 비밀리에 매장된 것으로 보이는 무
덤 주인이 역사에서 사라진 수수께끼의 파라
오 아크나톤일지도 모른다는 주장이죠. 다만
사망 당시 40대였던 아크나톤의 뼈라고 보기엔 미라의 두개골은 너무
두꺼웠습니다. 여러 질환이 뼈의 정상적인 성장을 방해했을 여지도
높았죠. 여기 더해 1차 발굴 때 발견된 벽돌에서 아크나톤의 왕명을
새긴 자국까지 나오자 스미스의 주장은 더욱 힘을 얻습니다. 미라의
신원을 증명하기 위해 각종 조사가 이어지는 와중에 다시 한번 난관에
부딪힙니다.

외국인이 이집트에서 발견된 미라를 검사하는 일을 허용할 수 없다.
이는 이집트의 국가 안보와 연결된다.

– 자히 하와스

이집트 정부는 미라의 국외 반출은 물론이고 외국인이 주도하는 연구를 전면 금지합니다. 그 결과 미라 연구는 수십 년간 답보 상태에 놓이고요. 그러다 2010년, 고고학 분야에서도 유전자 감식이 활발하게 진행되면서 이집트 정부는 국내 연구진에 한해 DNA 검사 진행을 허용해 줍니다. 그리고 얼마 후, 왕가의 묘지에서 발견된 미라와 투탕카멘 미라는 부자 관계임이 밝혀지는데요. 아크나톤의 미라가 발굴된 지 100년 만에 이름을 찾습니다. 이후로 투탕카멘 미라에 관해서는 사망 원인이나 생전 모습을 추적하기 위한 현대적이고 광범위한 DNA 연구와 검사가 진행되었습니다. 반대로 아크나톤 미라는 연구 대상에서 제외되었는데요. 여러 국가에서 연구 허가를 요청했으나 이집트 정부는 모두 거절합니다.

돌연변이일까, 아니면?

2015년, 카이로 대학의 비교유전체학 조교수 스튜어트 플라이슈만 Stuart Fleischmann과 그의 연구 팀의 연구 결과가 발표되는데요. 이들은 7년에 걸쳐 고대 이집트 파라오 아홉 명의 게놈 지도를 작성했습니다. 그중 단 한 명의 표본에서 특이한 흔적이 관찰되었는데 다름 아닌 아크나톤이었습니다. 아크나톤의 뇌 조직 DNA 표본에서는 강력한 돌연변이 유발 물질에 노출된 핵 흉터의 징후가 보였습니다. 이상함을 느낀 연구 팀은 골조직으로 재검사를 실시해 보았지만 결론은 같았습니다.

아크나톤의 두개골은 같은 연령 및 시기의 미라들에 비해 훨씬 더 조밀한 모양새였습니다. 근본적으로 어딘가 다른 듯한 느낌이 강했는데요. 현생 인류와 비교해도 밀도와 내구성이 두 배나 높았죠. 기다렸다는 듯이 '파라오 외계인설'이 다시 대두됩니다. 특이한 외형, 돌연변이의 징후 등을 이유로 아크나톤이 외계에서 유래한 존재 혹은 그들과 유전적 공통점이 있다는 주장이었습니다. 학자들은 아크나톤의 외모 이상은 유전적 질환에서 기인한다고 설명합니다. 하지만 아크나톤 미라에서 발견된 특이성을 전부 설명하지는 못합니다. 아크나톤과 아텐이 품고 있는 비밀은, 무엇일까요?

기묘한 밤 영상

이집트 파라오의 미라 속에서 발견된
외계인의 DNA

5   클레오파트라

**최후의 파라오,
최초의 팜 파탈**

팜 파탈의 대명사

클레오파트라 7세Cleopatra VII는 이집트 프톨레마이오스 왕조에 속하는 여왕이자 마지막 통치자였습니다. 역시나 기원전이긴 하나 기원전 69년에 태어나 기원전 30년에 사망한, 고대 이집트에서는 굉장히 후대의 인물입니다. 우리가 2천여 년 전에 세상을 떠난 그녀의 이름을 기억하는 이유는 따로 있습니다. 남성을 파탄에 빠뜨리는 치명적인 매력의 소유자 팜 파탈femme fatale의 대명사이기 때문인데요. 기록에 따르면 클레오파트라는 매혹적인 미모와 목소리로 이성을 사로잡았다고 합니다. 정치나 대인 관계에 필요한 처세술은 물론 지식 또한 상당하여 9개 국어를 구사했다죠.

프랑스의 철학자 파스칼이 『팡세』에서 "클레오파트라의 콧대가 조금만 더 낮았더라면 인류의 역사는 바뀌었을지도 모른다"라고 쓴 것은 단순히 클레오파트라의 외모를 칭송하기 위함이 아니었습니다. 당대 이집트와 로마의 정치에 클레오파트라가 가졌던 힘은 엄청났는데요. 자신의 매력을 무기로 권력자들을 굴복시킴으로써 생겨난 나

금속으로 만든 클레오파트라.

비효과가 유럽 역사의 판도를 뒤바꾸었죠.

기원전 46년, 로마 최고 권력자 카이사르Gaius Julius Caesar가 이집트를 방문합니다. 그리고 커다란 양탄자를 선물로 받는데요. 둘둘 말린 양탄자 속에는 클레오파트라가 있었습니다. (알몸으로 있었다고 하죠.) 그녀는 원래 남편이자 남동생인 프톨레마이오스 13세와 공동으로 나라를 통치했으나 이 시기에는 권력 다툼에서 밀려나 쫓겨날 위기에 있었습니다. 어떻게 하면 다시 권력을 잡을지 고민하던 차에 로마의 1인자 카이사르가 이집트에 왔다는 소식을 듣고서는 비밀스럽지만 기발한 방법으로 접근한 것이죠. 이 영화 같은 만남으로 카이사르는 클레오파트라에게 단번에 마음을 빼앗깁니다. 카이사르를 등에 업은 클레오파트라는 다시 통치권을 잡고요.

여기서 이야기가 마무리되었다면 어땠을까요? 2년 후인 기원전 44년에 카이사르가 암살당하면서 그의 부하였던 안토니우스 Marcus Antonius가 로마의 다음 권력자 자리에 오릅니다. 안토니우스는 군자금을 얻기 위한 목적으로 이집트를 방문했는데요. 그와의 첫 만남에서 클레오파트라는 커다란 황금 배를 타고 등장했습니다. 이 배에서는 호화스러운 연회도 열렸죠. 당연한 듯 안토니우스는 클레오파트라에게 완전히 매료당하고요.

클레오파트라가 로마를 방문할 당시 조각한 것으로 추정되는 클레오파트라 두상.

> 연회에 참석한 안토니우스는 놀라움을 감추지 못했다. 그가 이제껏 보지 못했던 황홀한 광경이었으며, 그 아름다움은 세상에서 경험할 수 없는 것들이었다.
>
> –『플루타르코스 영웅전』 중

안토니우스는 로마 공화국이 로마 제국으로 바뀌는 데 결정적인 역할을 했다.

덕분에 클레오파트라의 힘은 더 강해졌습니다. 하지만 행복은 오래가지 않았는데요. 기원전 31년, 로마의 패권을 놓고 벌어진 악티움 해전에서 안토니우스가 옥타비아누스(아우구스투스)에게 패하고 만 것이죠. 전투에서 패

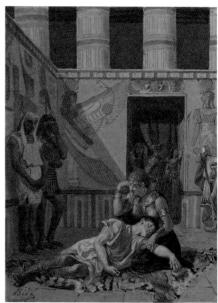

세기의 연인 클레오파트라와 안토니우스.

로렌초 카스트로가 그린 악티움 해전.

한 안토니우스는 스스로 목숨을 끊었으며, 클레오파트라는 포로로 붙잡힙니다. 옥타비아누스의 "너를 쇠사슬에 묶어 로마로 데려간 뒤에 거리를 행진할 것이다"라는 말을 들은 클레오파트라는 모욕적으로 삶을 이어 나갈 바에는 차라리 죽는 게 낫다고 판단하여 스스로 생을 마감하기로 마음먹습니다. 여기까지는 널리 알려져 있고요.

범인은 코브라 혹은 독약?

클레오파트라는 시녀들을 시켜 무화과 바구니에 코브라를 담아 오게 한 다음, 스스로 물려 죽었다고 전해집니다. 하지만 이 이야기는 신빙성이 낮으며, 의문점 또한 많습니다. 고대 그리스의 역사가인 플루타르코스가 고대 영웅에 대한 기록을 정리한 『플루타르코스 영웅전』

에 따르면 클레오파트라의 방에서 독사는 발견되지 않았습니다. 또 시체 어디에서도 뱀의 이빨 자국이 보이지 않았고요. 열려 있던 창문 너머의 모래밭 위로 뱀이 기어간 듯한 흔적이 있었다고는 하나, 이것만으로 뱀에 물려 죽었다고 단정하는 데는 무리가 따르죠. 로마의 역사가 카시우스 디오Cassius Dio의 기록에 의하면 클레오파트라는 조용하고 고통 없이 숨을 거둔 듯 보였다고 합니다. 코브라의 독은 혈류를 타고 온몸을 돌며 신경과 근육 마비를 일으킵니다. 상당히 고통스러운 죽음을 맞이할 수밖에 없죠. 또 하나의 이상한 점은 클레오파트라와 함께 죽은 이들인데요. 방 안에서 죽은 채로 발견된 사람은 클레오파트라를 포함해 시녀였던 이라스와 카르미온까지 총 세 명이었습니다. 이론적으로 독사 한 마리가 세 명을 연달아 물어 죽이기는 불가능합니다. 한 번 물 때 독샘에 있는 대부분의 독을 흘려보내기에 제아무리 독성이 강한 코브라여도 여러 명을 살상할 수는 없습니다.

카시우스, 스트라본, 플루타르코스 등 고대의 역사가들은 클레오파트라의 죽음을 독사에 의한 것이라고 '추정'만 했을 뿐이지 "실제로 일어난 일은 아무도 모른다"라고 기록했습니다. 이러한 의문점들에도 독사에 의한 죽음이 주류로 자리 잡은 데에는 셰익스피어와 미켈란젤로의 공이 큽니다. 클레오파트라의 죽음을 보다 극적

카시우스 디오.

으로 만들기를 원했던 두 사람은 문헌에 실린 '독사에 의한 죽음으로 추정'이라는 구절만으로 너무나 뛰어난 작품을 완성해 낸 것이죠. 거장들에 의해 탄생한 글과 그림은 클레오파트라의 파란만장했던 생애와 어우러지며 사람들에게 강한 인상을 남겼습니다.

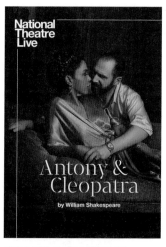

셰익스피어의 희곡 『안토니와 클레오파트라』.

몇몇 역사학자는 클레오파트라가 독약을 사용했다고 말합니다. 이집트 파피루스 문헌에 따르면 클레오파트라는 평소 독에 관심이 높아 온갖 종류의 독약을 수집했다는데요. 어느 약을 먹어야 가장 덜 고통스럽게 죽을 수 있는지 알고자 사형수들을 대상으로 시험을 행한 적도 있다는 이야기가 있습니다. 여기에 흥미를 느낀 독일 트리어 대학의 고대사학자 크리스토프 섀퍼Christoph Schaefer는 클레오파트라가 사용한 것으로 추정되는 독의 종류를 연구했습니다. 그리고 독미나리로 알려진 코늄에 바꽃(투구꽃)과 아편을 섞은 다음, 음료를 마시듯 음독했을 거란 결론을 내렸는데요. 이들을 섞으면 강력한 진정 및 진통 작용을 일으키기 때문에 다른 독물에 비해 상대적으로 조용한 죽음을 맞이할 수 있다는 주장입니다.

여왕의 무덤에 얽힌 미스터리

많은 역사학자가 이야기하길 클레오파트라가 독사에 물려 죽었다는 설은 15세기에 와서 화가들과 작가들이 각색한 이야기가 사실처럼 굳어진 거라고 합니다. 오늘날에는 독약에 의한 죽음과 옥타비아누스에 의해 목숨을 잃었다는 타살설로 크게 좁혀졌는데요. 진실을 밝히고자 전 세계의 고고학자들이 수 세기 동안 클레오파트라의 '무덤'을 찾는 탐사를 진행했습니다. 무덤만 찾는다면 DNA 검사 등을 통해 죽음의 원인은 물론 정확한 인종 등 그녀를 둘러싼 진실을 여럿 밝힐 수 있기 때문입니다.

오랜 노력에도 불구하고 어디에서도 클레오파트라의 묘는 발견되지 않았습니다. 추정 장소는 몇 곳 있었으나 확인 결과 전부 사실이 아니라는 결론이 났고요. 그래도 학자들은 포기하지 않고 역사의 파편들을 한데 모으기 시작합니다. 로마의 역사가 수에토니우스Gaius Suetonius Tranquillus는 클레오파트라의 죽음 이후의 상황을 이렇게 기록했습니다.

옥타비아누스는 두 사람에게 같은 무덤에 매장되는 영예를 주었다. 이미 시작된 무덤 공사를 완공하라는 명을 내렸다.

클레오파트라는 사후 이집트 여왕으로서 예우받으며 연인 안토니우스와 같은 무덤에 나란히 안치되었다고 합니다. 한데 두 사람의 무덤 공사에 대한 언급은 있는 반면 이집트 어디에도 흔적은 없습니다. 여러 학자가 그 이유를 '알렉산드리아'와 함께 클레오파트라의 무덤이 침몰했기 때문이라고 여기죠.

옥타비아누스는 로마의 초대 황제가 된다.

클레오파트라의 시신은 조상들과 함께 고대 항구도시 알렉산드리아에 묻혔을 것이다. 당시 알렉산드리아는 인구 100만 명이 거주했던 도시로, '지중해의 진주'라고 불릴 만큼 뛰어난 문명을 꽃피웠다. 하지만 지금은 그 흔적이 거의 없다. 지구 표면을 이루는 지각판 두 개가 만나는 지점에 있어 지진과 해일이 빈번하게 발생한 데다 이로 인해 육지가 서서히 바다 밑으로 가라앉는, 지질학적으로 최악의 위치이기 때문이다. 기원후 365년경 발생한 강력한 지진해일은 도시의 5분의 1, 특히 연안 지역 대부분을 수장시켰다. 이때 클레오파트라의 궁전과 무덤, 그리고 왕조의 거의 모든 유적과 파로스의 등대도 함께 침몰한 것으로 보인다.

— 고고학자 프랑크 고디오

1996년 1월 프랑스의 고고학자 프랑크 고디오가 이끄는 탐사 팀은 알렉산드리아로 향합니다. 그곳에서 고디오는 해저에서 자신의 주장을 뒷받침할 수 있는 단서를 발견하는 데 성공합니다. 끈질기게 이집트 정부를 설득한 끝에 일부 지역에 대한 발굴을 허가받은 그는 총 3천500번에 달하는 수중 탐사를 진행한 결과, 프톨레마이오스 시대에 만들어진 동상 등 다수의 유물을 발굴할 수 있었는데요. 이 과정에서 클레오파트라의 궁 일부로 추정되는 잔해가 드러납니다.

이후 세계 각국의 학자들이 다방면으로 알렉산드리아 해저 탐사를 진행합니다. 시간이 흘러 2009년 12월, 영국의 일간지 《가디언》은 알렉산드리아 해안에서 발굴을 진행하던 그리스의 해양 고고학 팀이 클레오파트라 무덤 입구로 추정되는 화강암 탑문pylon을 발견했다는 소식을 전합니다.

해저 아래 묻혀 있던 것은 무게 15톤, 높이 7미터에 달하는 화강암 탑문이었다. 클레오파트라 7세는 침몰해 버린 궁에 잠들어 있던 까닭에 지상에서 찾을 수 없었다.

－ 그리스 고고학자 해리 찰라스Harry Tzalas

발견된 탑문은 건축물에서 따로 떨어져 나와 문의 형태만 남았기에 실제 클레오파트라의 무덤이었는지는 확신할 수 없는 상황이었는데요. 해저 발굴 작업을 지휘한 고고학자 해리 찰라스는 플루타르코스가 남긴 기록이 탑문의 존재를 증명한다고 주장했습니다.

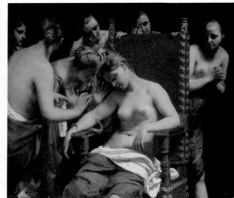

후안 루나가 그린 〈클레오파트라의 죽음〉(왼쪽)과 귀도 카나치가 그린 〈클레오파트라의 죽음〉(오른쪽).

　이야기에 따르면 안토니우스는 클레오파트라가 죽었다는 거짓 정보를 듣고 목숨을 끊고자 했지만 곧바로 사망하지는 않아 부상 입은 상태로 클레오파트라 곁으로 옮겨집니다. 이때 그의 연인 클레오파트라는 궁이 아니라 한창 건설 중이던 자신의 영묘에 숨은 상황이었는데요. 거동 불가능 상태였던 안토니우스는 줄에 묶인 채 무덤 위층 창문을 통해 안으로 들어갔으며, 얼마 안 가 연인의 품에서 숨을 거두었다고 전해지죠.

　플루타르코스는 문이 아닌 창문을 통해 들어간 이유에 대해 "한 번 닫힌 무덤 문을 다시 열 수가 없었기 때문"이라고 덧붙였습니다. 긴 세월 동안 수많은 학자가 플루타르코스의 이 구절이 정확히 무슨 의미인지 의문을 가져 왔습니다. 해리 찰라스는 해저에 가라앉은 탑문이 오

클레오파트라는 시공간을 뛰어넘어 널리 사랑받는 존재다.

랜 수수께끼를 푸는 해답이 될 수 있다며 말했죠. "이토록 무겁고 큰 돌문이라면 한 번 닫힌 뒤 다시는 열릴 수 없었을 것이다. 이런 육중한 돌문이 지중해에서 발견되었다는 사실은 플루타르코스의 말이 문학적인 표현에 그치는 게 아니라 사실 그대로의 진술이었음을 뜻한다."

타포시리스 마그나

알렉산드리아 해저에서 탑문의 비밀을 밝히기 위한 노력이 이어지는 가운데, 육지에서도 클레오파트라가 지상에 매장되었다고 믿는 이들의 발굴 작업이 진행되었습니다. 도미니카공화국과 이집트 합동 발굴 팀은 클레오파트라의 시신이 당시 왕조가 세운 고대 신전 타포시리스 마그나Taposiris Magna 인근에 묻혀 있다는 가설을 증명하기 위해 2006년부터 십수 년간 발굴을 진행했습니다. 2010년경부터 클레오파트라의 옆얼굴이 새겨진 동전 22개, 황금 혀를 가진 미라 16구, 높이 1.8미터의 머리가 없는 파라오 동상, 여성용 대리석 가면, 동물 뿔로 장식된 장신구 등의 클레오파트라와 연관 있어 보이는 유물들이 잇따라 출토되면서 기대가 고조되었죠. 마침내 2020년 7월 고고학계를 들썩이게 한 소식이 전해집니다.

타포시리스 마그나의 한 매장실에 나란히 누워 있는 미라 두 구가 있었다. 매장 시기는 약 2천 년 전으로, 엑스레이 판독 결과 남성과 여성의 미라로 밝혀졌다. 남성 미라는 황금으로 된 장신구로 치장되어 있고, 여성 미라는 정교하게 세공된 가면을 쓰고 있었다. 보존 상태는 좋지 않으나 매장 당시 미라가 금박으로 완전히 덮여 있었던 것으로 보아 최고위층 신분이었음을 알 수 있다. 미라를 발견한 순간 직감했다. 클레오파트라 무덤 발굴의 때가 임박해 왔음을.

– 도미니카공화국·이집트 합동 발굴 팀 선임 연구원

캐슬린 마르티네즈Kathleen Martinez

이 발표는 사람들에게 두 구의 미라가 클레오파트라와 안토니우스일지도 모른다는 기대와 바람을 높였습니다. 맞다면 1922년 투탕카멘 무덤 발굴을 뛰어넘는 세기의 발견이 분명했죠. 아쉽게도 두 구의 미라는 최고위층 신분은 맞으나 클레오파트라와 직접적인 연관성은 없다는 결과가 나옵니다. 마르티네즈 박사는 이들은 최고위층 신분의 사제로 클레오파트라와 교류했을 수 있다며 클레오파트라의 무덤을 찾

타포시리스 마그나 오시리스 신전의 북쪽 전경.

는 단서가 될 수 있다고 했죠. 또 다른 책임자 자히 하와스의 생각은 달랐습니다. 그는 "발굴 현장을 지휘하며 10년 이상 마르티네즈와 일했으나 클레오파트라가 그곳에 묻혀 있다는 어떠한 증거도 찾지 못했다. 이제 나는 모든 게 물속에 잠겼다고 생각한다. 이미 가라앉은 클레오파트라의 무덤은 발견되지 않을 것이다"라며 정반대 의견을 내놓습니다.

타포시리스 마그나에서 발견된 금박 미라 두 구.

클레오파트라를 찾기 위한 노력은 지금도 계속되고 있습니다. 역사에 지워지지 않은 발자국을 남긴 클레오파트라 7세. 생전의 명성은 그녀가 잠들고 2천 년이 지났어도 조금도 퇴색되지 않았습니다. 미스터리가 더해짐으로써 오히려 더 빛나고 있다고 할 수도요.

기묘한 밤 영상

최후의 파라오 클레오파트라의
죽음에 대한 기이한 비밀

이집트 바닷속에서 발견된
클레오파트라 무덤의 흔적

이집트 미스터리 탐험은 여기까지입니다. 우리는 시간의 먼지를 털고 수천 년의 역사를 거슬러 그들의 숨겨진 이야기를 추적해 보았습니다. 어쩌면 시간 여행에 비교할 수 있을까요? 직접 그 시간과 장소에 당도하지는 못하지만 충분히 고대 이집트인들이 이룩한 문명에 감탄하며, 또한 수많은 질문을 떠올릴 수 있습니다. 사막에 살던 고대인들이 어떻게 이토록 뛰어난 건축물과 문화를 남겼을까, 하는 직관적인 물음에서 출발해서요.

역사의 페이지가 넘어갈 때마다 그들은 우리에게 새로운 이야기를 속삭여 줍니다. 정신을 차려 보면 어느새 이집트 한가운데 당도한 나를 발견할 수도 있습니다. 그중에는 고고학적 발견 이상의 이야기들, 믿지 못할 신비스러운 이야기들도 존재하죠. 고대 역사에 대한 불완전한 이해와 의심은 곧 새로운 탐구와 발견으로 이어질 수 있습니다. 모든 세기의 발견은 항상 적당한 미스터리를 수반하기 마련이거든요.

고대 이집트는 앞으로도 우리의 호기심을 끊임없이 자극하지 않을까요? 미래 세대에게도요. 그래서 마음 한구석에는 사막의 모래 속에 묻힌 모든 진실이 드러나지 않았으면 좋겠다는 마음도 자리합니다. 만약 모든 비밀이 풀리더라도 우리의 탐구 정신에는 불이 꺼지지 않기를요.

미스터리의 근원 고대 이집트와
함께 보면 좋을 기묘한 밤 콘텐츠

 1 피라미드의 비밀을 풀기 위해
직접 피라미드를 만들었던 역대급 실험

 2 남극에서 발견된 초대형 피라미드

 3 고대 이집트 피라미드의 비밀을 알아낸 남자

 4 이집트 피라미드에서 발견되고 있는
거인의 흔적들

 5 얼음 속에서 발견된 고대 미라의
충격적인 전신 모습

5
공룡의 울음소리

해외에서 총 500만 이상의 조회 수를 기록한 화제작,
화석 자료와 논문을 통해 현대에 재현된
실제 공룡의 울음소리 30가지

P의 픽

기묘한 밤이 제작한 영상들 가운데는 공룡 관련 영상도 제법 있다. 제작진에게 공룡은 '치트키'라고 불릴 정도로 조회 수도 잘 나오고, 영상 반응도 좋은 소재다. 원래부터 공룡에 관심이 정말 많았던 내게도 기묘한 밤 채널에서 다루는 주제들은 독특하고 흥미로웠다. 그중에서도 '실제 공룡의 울음소리 30가지'는 놀라움 그 자체였다. 기묘한 밤 채널이 아니면 어디에서 이렇게 생생한 공룡의 울음소리를 접할 수 있을까? 듣고 또 들어도 새롭고 놀라웠다. 공룡은 비밀이 많은 생명체이고 현재는 지구에서 자취를 감추었기 때문에 영상 속 소리는 실제 공룡의 울음소리를 완벽히 복원했다고 보기엔 어렵다. 그러나 우리 영상의 많은 참고가 되어 준, 또 근사치로 재현해 낸 개인(해외 유튜버 'Studio')의 자료 수집과 노력으로 이 정도의 성과를 이루었다면 앞으로 얼마나 더 발전할지 기대가 된다.

참고 도서

- 디오게네스 라에르티오스 지음, 전양범 옮김, 『그리스 철학자 열전』, 동서문화동판 (동서문화사), 2016
- 마르크 반 드 미에룹 지음, 김구원, 강후구 옮김, 『고대 근동 역사』, 기독교문서선교회, 2022
- 시오노 나나미 지음, 김석희 옮김, 『로마인 이야기』, 한길사, 1998
- 앤드류 콜린스 지음, 오정학 옮김, 『금지된 신의 문명』, 사람과사람, 2000
- 앤드류 콜린스 지음, 한은경 옮김, 『아틀란티스로 가는 길』, 김영사, 2006
- 이그나시우스 도넬리 지음, 박치호 옮김, 『아틀란티스: 대홍수 이전의 세계』, 썬달 북스, 2019
- 이종호 지음, 『세계 불가사의 여행』, 북카라반, 2007
- 정수일 지음, 『이븐 바투타 여행기』, 창비, 2001
- 제임스 헨리 브레스테드 지음, 김태경 옮김, 『고대 이집트의 역사』, 한국문화사, 2020
- 플루타르코스 지음, 박현태 옮김, 『플루타르코스 영웅전』, 동서문화사, 2016
- 피터 클레이턴 지음, 정영목 옮김, 『파라오의 역사』, 까치, 2004
- Carl Lipo, *The Statues that Walked: Unraveling the Mystery of Easter Island*, Pgw, 2012
- Frederic Louis Norden, *Voyage d'Egypte et de Nubie*, Hachette Livre Bnf, 2018

참고 링크

1장 필론의 7대 경관

2 로도스의 거상
https://www.businessinsider.com/new-colossus-of-rhodes-2016-1

3 아르테미스 신전
https://www.worldhistory.org/image/1202/artemis/
https://www.thoughtco.com/artemis-of-ephesus-116920

5 마우솔레움
http://www.pilotfriend.com/world_facts/world/maus.htm
https://www.wonders-of-the-world.net/Seven/Dimensions-of-the-mausoleum.php

2장 세계 곳곳의 불가사의

5 앙코르와트
https://angkorwattraveltours.com/angkor-wat-temples/the-history-of-angkor

3장 고대 도시 속 미스터리의 흔적들

1 괴베클리 테페

https://allthatsinteresting.com/gobekli-tepe

https://www.todayifoundout.com/index.php/2013/06/the-mystery-of-gobekli-tepe/

https://www.skeptic.com/reading_room/gobekli-tepe-mystery-new-chapter-in-history-
robert-adam-schneiker/

https://www.theartnewspaper.com/2021/11/17/discovery-turkey-karahan-tepe

2 푼트

https://plants-in-garden-history.com/20-21-punt/

https://www.worldhistory.org/punt/

https://elifesciences.org/articles/87513

3 시우다드 블랑카

https://www.nationalgeographic.com/adventure/article/150302-hondu-
ras-lost-city-monkey-god-maya-ancient-archaeology

https://www.newyorker.com/magazine/2013/05/06/the-el-dorado-machine

https://www.livescience.com/white-city-monkey-god

https://archaeomosquitia.wordpress.com/the-ciudad-blanca-white-city-legend/

https://owlcation.com/humanities/Ciudad-Blanca-The-White-City-of-Honduras

https://nypost.com/2021/10/29/new-doc-explores-lost-city-of-monkey-god-after-de-
cades-of-search/

https://marketbusinessnews.com/legendary-white-city-ruins-excavation-in-hondu-
ras-underway/120792/

https://www.nbcnews.com/science/science-news/lost-city-monkey-god-discov-
ered-honduras-n317296

5 제르주라

https://www.heritagedaily.com/2023/04/the-search-for-the-lost-city-of-zerzu-ra/146743

https://archive.aramcoworld.com/issue/200206/searching.for.zerzura.htm

4장 잃어버린 대륙 아틀란티스를 찾아서

2 아틀란티스의 후보지

http://news.bbc.co.uk/2/hi/americas/1697038.stm

https://www.theguardian.com/science/2015/nov/10/ancient-river-network-discov-erd-buried-under-saharan-sand

3 아틀란티스의 생존자

https://www.robertschoch.com/sphinx.html https://www.thegreatsphinxofgiza.com/the-tunnels-and-chambers-of-the-great-sphinx-part-1-origins

https://www.crystalinks.com/sphinxtheories.html

https://www.worldhistory.org/Sea_Peoples/

5장 미스터리의 근원 고대 이집트

1 비밀의 방

http://www.hip.institute/

https://www.nature.com/articles/s41467-023-36351-0

http://www.scanpyramids.org/index-en.html

https://edition.cnn.com/style/article/hidden-corridor-pyramid-giza-intl-scli-scn/index.html

https://www.livescience.com/cosmic-rays-reveal-hidden-30-foot-long-corridor-in-
   egypts-great-pyrami
https://news.artnet.com/art-world/great-pyramid-giza-egypt-void-1144325

2 검은 피라미드

https://www.express.co.uk/news/world/1236833/egypt-fourth-pyramid-giza-frederik-
   norden-wall-crow-khufu-khafre-Menkaure-spt
https://www.thevintagenews.com/2020/02/11/fourth-pyramid-giza/
https://www.bizsiziz.com/ancient-texts-reveal-a-black-pyramid-is-missing-at-the-giza-
   plateau/

3 바카 피라미드

https://www.thearchaeologist.org/blog/the-unfinished-zawyet-el-aryan-pyramids-
   forbidden-egyptian-site-that-turned-into-a-military-base
http://www.narmer.pl/pir/baka_en.htm
https://www.crystalinks.com/zawyet.html
https://ancientegyptianfacts.com/zawyet-el-aryan-pyramids.html

4 아크나톤

https://www.howandwhys.com/akhenaten-egyptian-pharaoh/

5 클레오파트라

https://www.livescience.com/where-is-cleopatra-tomb.html

기묘한 밤

초판 1쇄 발행 2024년 9월 2일
초판 3쇄 발행 2024년 10월 22일

지은이 기묘한 밤
펴낸이 안병현 김상훈
본부장 이승은 **총괄** 박동옥 **편집장** 박윤희
책임편집 이경주 **디자인** 박지은
마케팅 신대섭 배태욱 김수연 김하은 **제작** 조화연

펴낸곳 주식회사 교보문고
등록 제406-2008-000090호(2008년 12월 5일)
주소 경기도 파주시 문발로 249
전화 대표전화 1544-1900 **주문** 02)3156-3665 **팩스** 0502)987-5725

ISBN 979-11-7061-170-7 (03900)
책값은 표지에 있습니다.